Traité de droit disciplinaire des magistrats de l'ordre judiciaire et administratif en R.D. Congo

Collection Géopolitique mondiale
Dirigée par Mwayila TSHIYEMBE

L'objet de la Collection Géopolitique mondiale est de susciter les publications dont la vocation est double : d'une part, donner un sens aux mutations provoquées par la mondialisation, étant donné la perte des repères du monde ancien et la nécessité d'inventer les repères du monde nouveau ; d'autre part, analyser la complexité des enjeux territoriaux, des rivalités d'intérêt et de stratégies qui pousse les acteurs à user de la force ou de la diplomatie, pour modifier ou tenter de modifier le rapport de force (ressources naturelles, humaines, culturelles), selon des idéologies qui les animent. À cette fin la prospective et la pluridisciplinarité sont des approches privilégiées.

Déjà parus

Aimé BONGELI YEIKELO YA'ATO, *Gouvernance des aires protégées en R.D. Congo, Perception des populations riveraines du Parc National de la Lomani, territoire d'Opala, Province de la Tshopo, 2020*

Patrice KIRONGOZI BOMETA, *Patrice Émery-Lumumba. Du nationalisme virtuel à l'humanisme patriotique*, 2020.

Pétillon Muyambi Dhena, *Conflits armés et répression des crimes contre l'environnement dans la région des Grands Lacs*, janvier 2020

Dieudonné Ngoie Mpanya Kabululu, Norbert Ngoyi Muepu Lumami, *Protection de l'enfant en temps de guerre en RD Congo, Le cas de la guerre de six jours à Kisangani*, janvier 2020

Edmond Mokuinema Bomfie (dir.), *Géopolitique et gouvernance de l'eau de surface en Afrique centrale*, décembre 2019

Starmans Bofoe Lokangu, *La criminalité pharmaceutique en République Démocratique du Congo. Une véritable menace au droit à la santé*, septembre 2019

Josué TAGBA MONDALI

Traité de droit disciplinaire des magistrats de l'ordre judiciaire et administratif en R.D. Congo

Préface de Mme Hajer GUELDICH

L'Harmattan

5-7, rue de l'École-Polytechnique 7 5005 Paris

http://www.librairieharmattan.com

ISBN : 978-2-343-24839-4
EAN : 9782343248394

« Il ne faut pas que l'honneur du magistrat ait la moindre atteinte : le respect et l'obéissance qu'on lui doit sont fondés sur la confiance que commandent son intégrité, la délicatesse de ses sentiments, la pureté de ses mœurs et la sainteté de sa vie.»

Morin Achille.

Préface

Il y a plus d'une année, j'eus l'honneur et le plaisir de rencontrer Monsieur Josué TAGBA MONDALI, à l'occasion d'un colloque en Droit international.

Des jours durant, nous avons échangé profondément sur son projet d'ouvrage portant sur la discipline du magistrat congolais.

Aujourd'hui, il met à la disposition du public, le fruit de ses longs mois de tergiversation, de recherche et de réflexion sur l'ouvrage intitulé « ***Traité de droit disciplinaire des magistrats de l'ordre judiciaire et administratif en République démocratique du Congo***».

Cet ouvrage conçu pour éclairer la lanterne des lecteurs congolais et d'ailleurs sur les règles disciplinaires du Magistrat congolais, mérite d'être vivement salué.

La préfacière, que je suis, contient à peine son envie de parcourir avec fierté le présent ouvrage, tant sur la qualité de sa forme que de son riche contenu. Cet ouvrage s'impose comme un document indispensable dans l'appréhension de la fonction même du Magistrat. Celui-ci est enveloppé de mystère, de préjugés et d'*a priori* : On l'admire, on le boude, on le craint, eu égard à son prestige et à son impérium dont il jouit dans l'ordre social et protocolaire en tant que directeur des officiers de police judiciaire mais aussi et surtout en sa qualité de détenteur du pouvoir judicaire.

Voici un ouvrage qui ne reste pas dans les incantations stériles et paresseuses. L'auteur se risque à débroussailler et éclairer un chemin très peu emprunté. Il affronte une question moins abordée.

En effet, dans l'imagerie populaire, le magistrat est l'homme à qui l'on ne devrait pas avoir affaire, au risque d'avoir toujours tort. Ignorant ainsi que le magistrat congolais peut être soumis à une procédure disciplinaire. Demeurer dans ce carcan aura certainement pour effet de faire du Magistrat, un super homme, alors que lui-même ne s'est jamais considéré comme tel. Et pourtant, le magistrat est bel et bien soumis à une discipline qui enserre son comportement et ses attitudes aussi bien dans ses relations à l'égard des usagers du service public de la justice qu'à l'égard de ses collègues.

L'ouvrage a le mérite de percer le mystère, de lever le voile sur la discipline à laquelle est astreint le magistrat. Quels sont les mécanismes juridiques régissant la discipline du magistrat congolais et quel est le régime juridique y afférent ?

Un besoin est ainsi satisfait ; une attente est ainsi comblée ; le dynamisme de l'auteur autorise à espérer que d'autres espaces ne manqueront pas d'être défrichés et ensemencés. En attendant, il convient de célébrer l'avènement de l'ouvrage, que voici, et de s'accorder le temps d'y descendre et d'y séjourner.

C'est pourquoi ce livre mérite d'être lu, sans modération aucune !

Tunis, le 21 juin 2021.

Madame Hajer GUELDICH
Professeure agrégée des universités (Faculté des sciences juridiques politiques et sociales de Tunis- Université de Carthage)
Commissaire élue à la Commission de l'Union africaine pour le Droit international (CUADI).

Remerciements

Le présent ouvrage a bénéficié des conseils des magistrats et des amis enseignants-chercheurs, dont le soutien scientifique a été de taille pour la confection de ce Traité destiné aux praticiens de droit ainsi qu'aux chercheurs.

Mes remerciements vont tout d'abord à madame la Professeure Hajer GUELDICH, pour son ouverture d'esprit et la confiance qu'elle m'a témoignée.

Au même titre, j'exprime ma sincère reconnaissance au Conseiller José KIMINA NZAM pour son aide précieuse et son soutien sans faille aboutissant à la réalisation de ce projet.

Je remercie également les magistrats Janvier MASTAKI KANKONDE, Cyril NZINGU MASIDI, Karl YALE OLIVO, Fidel SHAKO ONAONYA, RUBENS MWAKU MASASHI RUBENS, Jean-Droit TUMBA NTABALA, Jean-Paul AMISI MUBUALA BOKO, Joseph NZEMBELE MAMBA et Laurette MUSANGU MISENGABU . Ils m'ont donné de leur temps pour partager les réflexions autour de l'émergence de droit disciplinaire des magistrats congolais.

Je garde une pensée reconnaissante aux Professeurs KADONY NGUWAY KPALAINGU, LELO-DI-MAKUNGU, MUYAMBI DHENA, MAGADJU PACIFIQUE et BOFOE LOKANGU pour l'intérêt partagé de la science du droit et leur attitude toujours positive.

Je réitère aussi l'assurance de mon amitié aux chefs de travaux CHRISTOPHE MAMBOLEO ZAWADI, FIRMIN FUNDJI et Noel KABEYA, pour le sens élevé d'humanisme durant ces années de l'aventure à la quête de la vérité scientifique.

Mes pensées vont également aux juges de la Chambre provinciale de discipline du ressort de la Cour d'appel du Nord-Kivu, en la personne de l'Auditeur supérieur Homère NKULU KATENDA, l'Avocat général POWA LOKONDJA, le Conseiller Costa LUPAMBA KASWENDE, le Président du tribunal militaire de garnison de Goma Désiré MUDIUNDA MUKOLE et le Procureur de la République MAWAZO FUNGAMALI. Les décisions rendues par ces praticiens de droit ont contribué à l'émergence de droit disciplinaire des magistrats congolais de l'ordre judiciaire et administratif.

Enfin, merci à tous les magistrats du ressort de la Cour d'appel du Nord-Kivu pour la confiance accordée à ma modeste personne d'assurer leur défense devant la Chambre provinciale de discipline.

L'auteur.

Sommaire

Liste des abréviations et acronymes

Art.	: Article
BDD.	: Bandundu
CA.	: Cour d'appel
C. Const.	: Cour Constitutionnelle
CCJE.	: Conseil consultatif de juges européens
CD.	: Chambre de discipline
CE.	: Conseil d'Etat
C.E.D.H.	: Cour européenne des droits de l'homme
CND.	: Chambre nationale de discipline
CPD.	: Chambre Provinciale de discipline
CPP.	: Code de procédure pénale
CSJ.	: Cour suprême de justice
CSM.	: Conseil supérieur de la magistrature
CSS.	: Classement sans suite
DD.	: Droit disciplinaire
Ed.	: Edition
EQ.	: Equateur
J.O.	: Journal officiel
KGO.	: Kinshasa/Gombe.
K.OCC.	: Kasai- Occidental.
LOCOFCC.	: Loi organique portant composition, organisation et fonctionnement de la Cour des Comptes
LGDJ.	: Librairie générale de droit et de jurisprudence.
LOPJ/E.	: Ley Orgánica 6/1985, de 1 de julio, del Poder Judicial
O-L.	: Ordonnance-loi
OMP.	: Officier du ministère public
PG.	: Parquet Général.
P.OR.	: Province orientale
PUC.	: Presses universitaires du Congo
PUF.	: Presses universitaires de France
PV.	: Procès-verbal

RA.	: Rôle administratif
RD.	: Rôle disciplinaire
RDC.	: République Démocratique du Congo
R.I.D.C.	: Revue internationale de droit comparé
RFFAD.	: Requête aux fins de fixation d'audience disciplinaire
RMP.	: Registre du ministère public
SD.	: Sanction disciplinaire
SK.	: Sud-Kivu
TGI.	: Tribunal de grande instance
U.A.	: Union africaine.
Vol.	: Volume.

Introduction

La surveillance disciplinaire des magistrats est un domaine un peu secret, qui n'intéresse pas le grand public et n'attire pas la lumière. Il résulte d'une histoire longue et souvent douloureuse, qui véhicule son cortège de préjugés, de peurs et de fantasmes. Pour autant, la discipline est un exercice quotidien des magistrats, et bénéficie au contraire d'un éclairage particulier pour leur comportement au sein du pouvoir judiciaire.[1]

En effet, les magistrats sont sous la menace constante d'une épée de Damoclès : la discipline. Les magistrats sont sous contrôle, ils sont eux-mêmes jugés, la procédure disciplinaire suit une marche prévue par les textes statutaires. Le contrôle disciplinaire des magistrats est la suite donc logique d'une faute personnelle, déontologique et un manquement aux devoirs de son état, à l'honneur et à la dignité de ses fonctions.[2]

L'avocat général Aguesseau[3] part d'un constat d'une réalité décevante qu'aujourd'hui la société a peur de la justice, de cette justice engendrée par des scandales retentissants, dont la mise en cause individuelle de différents magistrats dans des affaires pénales ou civiles, de corruption ou de publicité déplacée ont fait prendre conscience de la nécessité de revoir le fonctionnement et l'application de la justice.

Face à certains comportements inquiétants, l'opinion, relayée par les médias ainsi que les pouvoirs publics et le monde judiciaire s'interrogent quant aux causes et aux effets de tels cas, certes, statistiquement très faibles, mais source d'inquiétude et moyen d'interrogation sur la situation actuelle de la déontologie, dans un cadre plus général de réflexion sur le fonctionnement de la justice face à la mise à jour de défaillances et de dysfonctionnements[4].

---

[1]Bouquet (A). « Droit disciplinaire et loi pénitentiaire : le rendez-vous manqué » *in Archives de Politique criminelle.*2012/1 (N°34) pp 303 à 330).

[2]Gerbille (O), *Le régime disciplinaire des magistrats de l'ordre judiciaire*, Thèse de doctorat en droit, Université de Nice, France, 2000.p.18.

[3]Personeni, (E). , *La déontologie des magistrats de l'ordre judiciaire*, Mémoire, Université Lumière Lyon 2, Institut d'Etudes Politiques de Lyon, juin 2007.p.6.

[4] Personeni, (E) , *op.cit.*, p.76

Le magistrat apparait donc de plus en plus comme un professionnel en crise. Cela peut sembler paradoxal car les magistrats doivent être en application parfaite avec les règles éthiques et déontologiques, conclut l'avocat général Aguesseau.

Le métier du magistrat appelle à un sens élevé de la responsabilité. Choisir d'être magistrat, c'est inévitablement d'accepter le regard public sur l'exercice de sa profession, c'est consentir à rendre compte d'un comportement individuel et collectif, c'est admettre que le for intérieur ne suffit pas à établir l'éthique de l'action de juger, rappelle le Premier président Canivet (G)[5].

Ainsi, si par son comportement, le magistrat cause un trouble social ou un dommage, il engage sa responsabilité et doit être sanctionné à la hauteur de la faute. Ce qui justifie l'existence d'un régime juridique disciplinaire propre aux magistrats, cette autre forme de *« justice par les pairs »*. La justice disciplinaire des magistrats tant dans son aspect matériel que processuel devient une réalité dans l'ordre juridique interne de plusieurs États.

Le contrôle disciplinaire des comportements des magistrats s'explique par le fait du grand pouvoir qu'ils détiennent dans la société, celui de rendre la justice. Ils ont entre les mains la liberté, l'honneur, la sureté et les intérêts de ceux qui vivent sur le territoire de la République. Ce rôle éminent fonde les exigences que chaque citoyen peut avoir à l'égard des magistrats.[6] Ce qui implique de la part des magistrats une grande responsabilité.

Dit-on « *On demandera beaucoup à qui l'on a beaucoup donné, et on exigera davantage de celui à qui l'on a beaucoup confié.*»[7] C'est à ce titre que l'on a toujours exigé du magistrat le respect des devoirs de sa charge, de la compétence, de la loyauté, d'objectivité, de la discrétion,

---

[5] CANIVET,(G)., « Déontologie...déontologie? La persévérance est une forme de courage » *in Lettre l'ENM*, octobre 2005 p 4.

[6] Conseil supérieur de la magistrature(France).,*Recueil des obligations déontologiques des magistrats*, éd, direction d'information légale et administrative, Paris, 2019, pg 10.

[7] La Sainte Bible, version Louis Segond ; 1910, Evangile selon Luc 12 :48.

une vie personnelle aussi irréprochable que possible. Ces qualités sont sans doute le noyau dur de la discipline corporatiste de la magistrature[8].

Le serment statutaire, les instructions de service et les résolutions du Conseil supérieur de la magistrature constituent le cadre de référence des principales obligations et devoirs auxquels les magistrats sont professionnellement comme personnellement tenus ainsi qu'appelés à veiller plus strictement à leur respect.

Dans un article publié dans la revue *d'Esprit* au courant de mois de novembre 2003, monsieur Canivet (G)[9], alors premier Président de la Cour de cassation de la République Française, plaidait pour l'actualité sinon l'urgence d'une démarche déontologique dans l'institution judiciaire. Il souligna, à cet effet, l'importance de l'existence d'un état de droit qui est subordonné à celle d'un système judiciaire composé des juges indépendants, compétents et impartiaux, désignant de la sorte les qualités déontologiques cardinales attendues de tous magistrats.

A ce propos notent les auteurs HURARD (J-J) et CANIVET (G) que l'avènement d'une déontologie des magistrats n'a été rendu possible que grâce à un changement d'état d'esprit des instances disciplinaires, qui sont peu à peu passées d'une logique purement répressive, à une politique plus préventive et pédagogique qui repose aujourd'hui sur l'idée de responsabiliser les magistrats.[10] Compris sous cet angle, le respect de la déontologie est assuré et les manquements sanctionnés par une autorité : « *le juge disciplinaire* ».

L'intervention du juge disciplinaire porte justement sur le contrôle des comportements fautifs des magistrats par la mise en mouvement de l'action disciplinaire. Elle a pour objet d'assurer le bon fonctionnement de la profession, plus que ne pourrait le faire le juge de droit commun.»

---

[8].De Riemaercker, (X) et Londers, (G), « Déontologie et discipline » *in Statut et déontologie du magistrat,* Bruxelles, La charte, 2000, p.316.

[9].Charvet, (D), « La déontologie des magistrats, un nouveau pacte pour la déontologie » *in l'Esprit*, novembre 2009 .p.12.

[10].Hurard. (J-J) et Canivet. (G)., *La déontologie du magistrat*, 4ed Dalloz, Paris, 2019. p.83.

[11]La procédure enclenchée suit les règles consacrées par le droit disciplinaire[12].

Historiquement, la répression disciplinaire a tout temps existé, sous son aspect non professionnel, dans des institutions telles que l'armée, la prison, l'école, la discipline étant inhérente à leur fonctionnement.

Etudiant les systèmes disciplinaires sous l'Ancien Régime dans son ouvrage « surveiller et punir », le philosophe Foucault (M) remarquait que ces disciplines établissaient *une infra-pénalité* et quadrillaient un espace que les lois laissaient vide : la répression spécifique à ces corps bénéficiait d'une sorte de privilège de justice, avait ses lois propres. La procédure disciplinaire y était exercée de manière largement arbitraire et, lorsque le droit disciplinaire est apparu, cela a été dans le cadre professionnel né de l'organisation corporative de la société sous l'Ancien régime. La révolution ayant supprimé les corporations, la discipline professionnelle disparut dans le commerce et l'industrie, chaque artisan, commerçant étant libre d'exercer son activité suivant son intérêt.

En revanche, elle ne cessa pas d'exister dans l'entreprise à l'égard du personnel mais, plus d'un siècle et demi, le pouvoir du chef de l'entreprise ne trouva d'autres limites à son exercice que celles rares et peu contraignantes posées par les tribunaux. Une fois tournée la page révolutionnaire, les corps intermédiaires entre l'individu et l'Etat réapparurent mais, à la fin du XIXème siècle et pendant une grande partie du début du XX^{émé}, il y avait de droit disciplinaire établi par la loi que dans les institutions dont le fonctionnement intéressait directement l'Etat : le service public de la justice, magistrats, officiers ministériels tels que les notaires, mais aussi les avocats, l'armée et l'Administration en général.

Cette jeune branche de droit veille, à son tour, au respect de l'intérêt général au sein d'un ordre juridique partiel.

---

[11] Duprez, (P), Le droit disciplinaire dans le contexte du droit général, in www.ombbw.be, bulletin 2005.

[12] Pralus-Dupuy (J), « France, les principes du procès pénal et leur mise en œuvre dans les procédures disciplinaires.» in Revue internationale de droit pénal 2003/3-4(vol.74) pp889-923.

Il se décline différemment selon qu'il s'applique à telle ou autre catégorie de profession au sein d'une société.

La pluralité des professions est à l'origine de l'existence de droits disciplinaires spéciaux partant des différents métiers au sein d'une société.

A titre illustratif :

- le domaine de l'enseignement : le conseil de discipline peut prononcer diverses sanctions pouvant aller jusqu'à l'exclusion ou révocation de l'établissement un étudiant et un enseignant ;
- Les agents publics : les fonctionnaires *stricto sensu* peuvent encourir des sanctions disciplinaires dont la plus grave est la révocation, mettant ainsi fin à la qualité de fonctionnaire. Pour les sanctions les plus graves, la consultation d'un conseil de discipline est obligatoire. Le conseil de discipline est la commission administrative paritaire. Le dossier peut toutefois être réexaminé, dans certains cas, par une commission de recours.
- Certains corps relèvent de règles particulières. C'est le cas des magistrats, des militaires, des avocats, de personnels de l'ordre pharmaceutique et médical etc.
- Dans le cadre sportif, le droit disciplinaire touche à la fois au droit privé et au droit public. Les fédérations sportives sont des associations, soumises au droit privé. Elles sont toutefois tenues d'exercer un rôle disciplinaire en vertu de la loi en vigueur de chaque pays. Les règlements intérieurs des fédérations doivent prévoir en principe l'existence de deux degrés d'instance disciplinaire.
- Détenus : les personnes détenues dans les prisons peuvent faire l'objet de sanctions disciplinaires. En RDC, le régime disciplinaire de détenus est réglé par l'ordonnance n°344 du 17 septembre 1965.

Commentant de leur part ce droit, Delisle (Z) et Lane[13] font remarquer que le droit disciplinaire est voué au contrôle de la conduite des professionnels encadrés par un ordre, en fonction des normes particulières qui régissent l'exercice d'une profession. Que partant ce

---

[13] Delisle (Z) et Lane, *Introduction au droit disciplinaire*, Ed Yvon Blais, 2019 p.4

domaine de droit administratif est dit *sui generis*, ce qui signifie « de son propre genre », en raison du fait que chaque profession est encadrée par des lois et règlements qui lui sont propres. Qu'en sus le droit disciplinaire emprunterait certains principes au droit civil et au droit pénal, ce qui en fait un système juridique hybride.

On peut dès lors se demander, au-delà des particularités des différentes règles disciplinaires applicables dans le cadre de multiples professions, activités ou milieux (le barreau, la magistrature, l'armée, la prison, l'administration, l'entreprise etc.), et des différentes procédures par lesquelles ces règles sont mises en œuvre, s'il est possible de dégager une unité, à la fois théorique, historique, technique et conceptuelle de ' **droit disciplinaire'** ?[14]

En réponse à cette préoccupation, il est possible de faire ressortir des éléments communs au droit disciplinaire, lesquels se recoupent en quatre :

- un ensemble de sanctions disciplinaires définies au préalable ;
- l'existence d'une faute disciplinaire ;
- une autorité chargée d'infliger la sanction disciplinaire
- et une procédure disciplinaire.

Abordant spécifiquement le droit disciplinaire des magistrats, la question suscite encore plus d'intérêt au regard même de la nature de l'organisation et du fonctionnement de corps des magistrats.

La doctrine s'accorde à reconnaitre au droit disciplinaire des magistrats, une certaine spécificité par rapport aux autres règles du droit général, qui se traduirait essentiellement par des solutions originales et propres quant à la procédure à suivre au point de conclure à son autonomie **:**

- L'instance disciplinaire n'est pas régie par les textes du code de procédure pénale organisant le procès pénal mais, parce qu'elle est répressive, lui sont appliqués certains principes spécifiques à la procédure pénale[15].

[14]Ancel, (P). et Morêt-Bailly,(J)., *Vers un droit commun disciplinaire*, Ed PUF, collection droit, Paris, 2007.p25

[15] Pralus-Dupuy (J), « art. cit » Pp 889-923

- La juridictionnalisation du régime disciplinaire des magistrats.
- Les règles relatives à la composition et au fonctionnement de l'autorité disciplinaire ne garantissent pas nécessairement une indépendance et une impartialité comparable à celles des juridictions de droit commun.[16]
- Les sanctions infligées présentent le caractère d'un acte semi-administratif, ce qui rend possible l'intervention du juge administratif.

Toutefois, il sied de signaler l'existence selon les Etats des différents systèmes disciplinaires des magistrats lesquels peuvent être juridictionnels ou non.

Pour peu qu'on s'intéresse à la justice disciplinaire des magistrats congolais, une réalité demeure cependant évidente : le magistrat congolais est traduit devant l'organe disciplinaire ; jugé par ses pairs pour la faute personnelle commise et condamné conformément aux sanctions prévues par les textes statutaires.

La Constitution congolaise du 18 février 2006 telle que modifiée et complétée à ce jour,[17] proclame l'indépendance du pouvoir judiciaire à l'égard du pouvoir législatif et du pouvoir exécutif.

Dans son exposé des motifs, cette constitution rappelle le magistrat Katambwe Malipo (G)[18] articule l'organisation et l'exercice du pouvoir au sein de l'Etat autour de quatre institutions, parmi lesquelles les cours et tribunaux.

Les juridictions de jugement et les parquets[19] y rattachés sont animés principalement par les magistrats de carrière alors membres du pouvoir judiciaire.

---

[16] Nyaluma Mulagano (A), *Les modes alternatifs de règlement des conflits. Une clé d'accès à la justice administrative congolaise* ? Ed bruyant, Bruxelles, 2016 p 26.

[17] Article 149 de la Constitution du 18 février 2006, J.O., numero spécial, 5 février 2011, Kinshasa, Amendée, le 20 janvier 2011.

[18] KATAMBWE MALIPO, (G), *La dualité des juridictions sous la constitution du 18 février 2006*, Ed PUL, Lubumbashi, 2018.p 11.

[19] La position actuelle des magistrats du Parquet sous l'autorité du ministre de la justice suscite le débat quant à son appartenance au pouvoir judiciaire. Avant la révision de la constitution du 18 février 2006, les Parquets figurés parmi les

Pour encadrer la profession des magistrats, le constituant congolais de 2006, après avoir posé des grands principes sur l'organisation du pouvoir judiciaire, a donné au législateur le pouvoir de fixer les règles concernant notamment le statut des magistrats et le régime juridique du Conseil supérieur de la magistrature.

Dans ce contexte seront respectivement adoptées par le parlement puis promulguées par le Président de la République la loi n° 06/020 du 10 octobre 2006 telle que modifiée et complétée à ce jour portant statut des magistrats et la loi n° 08/013 du 05 août 2008 portant organisation et fonctionnement du Conseil supérieur de la magistrature. Quelques articles de ces lois seront consacrés au régime disciplinaire des magistrats.

Plusieurs matières sont abordées, à savoir :

- l'organisation du pouvoir disciplinaire des magistrats,
- la notion de la faute disciplinaire,
- les règles à suivre dans la conduite d'un procès disciplinaire des magistrats,
- les sanctions à infliger et
- la voie de recours à exercer en cas de non satisfaction de la décision du premier juge.

Outre les lois sus-évoquées, il existe des autres textes importants qui viennent compléter ce cadre normatif du régime disciplinaire des magistrats congolais. Il s'agit entre autre du Règlement intérieur du Conseil supérieur de la magistrature, le décret-loi n°017/2002 du 03 octobre 2002 portant code de conduite de l'agent public de l'Etat, la note circulaire n°001/2012 du 13 février 2012 relative au relèvement de la discipline des magistrats et le code d'éthique et de déontologie des magistrats.

Les résolutions du Conseil de la magistrature et les décisions rendues par les différentes chambres disciplinaires, quant à elles, contribuent efficacement partant de cas casuistiques à la construction de cette jeune

---

institutions énumérées du pouvoir judiciaire. L'article 149 qui venait d'être amendé, a retiré les Parquets de cette liste. Ce qui à notre avis ne va pas sans conséquence quant à la nature et le régime disciplinaire de ce magistrat du ministère public.

branche de droit lequel progressivement affirme son autonomie dans un contexte du droit général.

Ces différents textes précités posent le fondement juridique du régime disciplinaire désormais des magistrats de l'ordre judiciaire et administratif en RDC. Ils marquent sans doute une avancée significative dans la réforme de la justice congolaise.

Plus concrètement, ce cadre normatif unifie non seulement les règles procédurales disciplinaires des magistrats tant civils que militaires, qui jadis, dépendaient du régime disciplinaire épars, mais aussi s'inscrit définitivement dans l'esprit d'indépendance du pouvoir judiciaire à travers la séparation de l'autorité appelée à intervenir dans la chaîne du procès disciplinaire des magistrats. C'est à cela que réside même le sens de la juridictionnalisation du régime disciplinaire des magistrats congolais de l'ordre judiciaire et administratif.

En revanche, si au plan théorique le décor est planté, quelques difficultés méritent d'être relevées quant au bénéfice de garantie procédurale sur le plan pratique.

Pour bien cerner l'étendue et la portée du droit disciplinaire des magistrats congolais, un retour rapide à l'histoire de l'organisation du pouvoir judiciaire en RDC s'avère indispensable.

L'avocat général près la Cour d'appel de Paris ROLLAND (M)[20] fait savoir que l'organisation judiciaire du Congo-belge comportait, sous l'autorité du Gouverneur général, deux systèmes parallèles, mais sur l'un, comme sur l'autre, il avait autorité. Il a tous les pouvoirs d'un ministre des colonies, et comme de celui-ci, de lui dépendaient les magistrats du Congo-belge, il a autorité sur le Parquet : il a en même temps *« un pouvoir disciplinaire »*, ce qui a une particulière importance. Il est enfin, assisté d'un administrateur spécialisé dans les problèmes judiciaires.

Il est donc clair que le pouvoir disciplinaire des magistrats relevait de la compétence du Gouverneur général qui est un administratif[21]. D'où l'inexistence d'un système juridictionnel disciplinaire des magistrats.

---

[20] Rolland (M)., « L'organisation de la justice au Congo-belge » in *Revue Internationale de Droit Comparé,* Paris, Ed LGDJ, 1953/5-1/pp.97-112. P98.

[21] En 1908, le Congo fut annexé à la Belgique. Il faut annoncer une politique et comme notre pays ne possédait pas de tradition coloniale, l'improviser. A partir

Plus de proche de nous, au début de l'année 1959, à la suite de troubles graves mettant en cause le régime colonial, la Belgique accepte le principe de l'indépendance. Elle propose la mise en place progressive d'un système représentatif.

Après plusieurs rounds de négociations, la loi fondamentale est élaborée par le parlement belge pour servir de cadre juridique provisoire et ce, avant l'adoption d'une constitution rédigée par les congolais eux-mêmes. Mais le Parlement belge élabore un système fédéral complexe, avec une dyarchie au sommet entre le Président de la République et le Premier ministre. Cette loi fondamentale de 1960, complétée après le premier coup d'état de Mobutu(le 14 septembre 1960), par des décrets lois constitutionnels est restée formellement en vigueur jusqu'à l'adoption de la constitution de Luluabourg en 1964.

Une fois le pays accédait à l'indépendance et à la souveraineté, la loi fondamentale du 19 mai 1960 relative aux structures du Congo n'apporte pas grand-chose.

La Constitution du 1 août 1964 écrit, à son tour, le Professeur Luzolo Bambi Lessa[22] consacre à son titre VI l'organisation du pouvoir judiciaire. Mais, dans la mesure où c'est le Président de la République qui préside le Conseil supérieur de la magistrature et qui nomme les magistrats, même si cela se fait sur proposition dudit organe, « il s'ensuit qu'on ne saurait parler, dans un langage technique, de pouvoir judiciaire mis en place par cette constitution. »

La constitution de 1967, poursuit-il, n'a pas fait mieux que les précédentes et, en 1974, le chef de l'Etat exerce tout le pouvoir, a la plénitude de l'exercice du pouvoir. Il préside le Conseil judiciaire.

La loi n°78-010 du 15 février 1978 crée le Conseil judiciaire, sous l'autorité du Président de la République, chef de tous les pouvoirs, la loi n°90-002 du 05 juillet 1990 portant révision de certaines dispositions de la constitution n'a pas fait mieux dans l'érection d'un pouvoir judiciaire.

---

de la reprise par la Belgique, les pouvoirs détenus antérieurement par le roi furent concentrés, en métropole, dans les mains du ministre des colonies et, à Léopoldville, dans celles du gouverner général nommé par Bruxelles.

[22] Luzolo Bambi Lessa (E-J), *Traité de droit judiciaire : La justice congolaise et ses institutions,* Ed PUC, Kinshasa, 2018. p. 85.

L'acte constitutionnel du 09 avril 1994, le Décret-loi constitutionnel n°003 du 27 mai 1997, la constitution du 04 avril 2003 et la constitution du 18 février 2006 proclament ou consacrent le pouvoir judiciaire et son indépendance.

Mais, cela suffit-il pour conclure à l'existence d'un pouvoir judiciaire indépendant s'interroge ce Ministre national honoraire de la justice et garde de sceaux congolais ? Surtout que la préoccupation du régime disciplinaire des magistrats congolais n'étant pas au cœur dans tous les cas au moins de ces diverses reformes.

Pourtant l'expérience congolaise autour de la construction de droit disciplinaire des magistrats dans l'ordre juridique interne nécessite d'examiner des questions pertinentes sur la notion de la faute disciplinaire des magistrats, la nature de la juridiction disciplinaire créée par la loi organique portant statut des magistrats, la procédure qui demeure une réalité en voie d'unification , le régime de la responsabilité des magistrats , les sanctions à infliger et le contrôle des décisions disciplinaires par l'office du juge administratif comme nécessité d'un nouveau visage de la justice disciplinaire des magistrats congolais.

Le diagnostic de toutes ces préoccupations, pour l'essentiel, sur le droit disciplinaire des magistrats congolais de l'ordre judiciaire et administratif comportera deux aspects principaux, à savoir :

Partie I. Concepts clés de droit disciplinaire des magistrats de l'ordre judiciaire et administratif en République Démocratique du Congo.

Partie II. Régime disciplinaire des magistrats de l'ordre judiciaire et administratif en droit positif congolais.

PARTIE I.

CONCEPTS CLES DE DROIT DISCIPLINAIRE DES MAGISTRATS DE L'ORDRE JUDICIAIRE ET ADMINISTRATIF EN RDC

Une recherche consciente de ses besoins ne peut passer outre à la nécessité de clarifier ses concepts. Car une exigence essentielle de la recherche est que les concepts soient définis avec une clarté suffisante pour lui permettre de progresser.[23]

En effet, la profession de magistrat en RDC relève d'un service public. Elle occupe une place particulière au sein de l'administration de l'Etat. Soucieuse de son indépendance, une structure dénommée Conseil supérieur de la magistrature est mise en place afin de jouer le rôle d'une sentinelle. Cet organe est la seule autorité ayant dans ses attributions la gestion quotidienne et le pouvoir disciplinaire des magistrats de l'ordre judiciaire et administratif en RDC.

Le ministre national de la justice et garde des sceaux n'a pas le pouvoir directe sur les magistrats. Il ne dispose que des prérogatives de l'administration de la politique de la justice gouvernementale. Par contre il intervient par voie de dénonciation dans la mise en mouvement de l'action disciplinaire des magistrats. Cette intervention du pouvoir exécutif dans la procédure disciplinaire des magistrats ne passe pas inaperçue au point de lancer le débat au sujet des rapports entre le Conseil supérieur de la magistrature et le ministre national de la justice et garde des sceaux surtout au regard la situation des magistrats du Parquet après l'amendement de l'article 149 de la constitution du 18 février 2006.

L'encadrement de la profession des magistrats congolais trouve alors pour fondement juridique la loi portant statut des magistrats. Cette loi indique les sources normatives et le champ d'application de droit disciplinaire des magistrats de l'ordre judiciaire et administratif en RDC.

L'objectif de cette partie est d'identifier les concepts clés de droit disciplinaire des magistrats congolais à travers la clarification des contours de l'organisation de la profession de magistrats en RDC et du rôle que joue le Conseil supérieur de la magistrature dans le contrôle disciplinaire des magistrats. (Titre I). Il s'en suivra ensuite l'examen des sources de ce droit disciplinaire. (Titre II).

---

[23] Merton (K), *Eléments de théorie et de méthode sociologique*, Paris, Ed Armand colin, 1997, p.57.

TITRE I.

LA PROFESSION DE MAGISTRAT EN REPUBLIQUE DEMOCRATIQUE DU CONGO

S'intéresser au droit disciplinaire des magistrats de l'ordre judiciaire et administratif en RDC suppose de connaître avant tout les règles régissant la profession des magistrats (Chapitre 1) ; ensuite de déterminer les fonctions et la nature de l'organe ordinal de la gestion de corps des magistrats afin d'éviter toute confusion possible avec les attributions dévolues au ministre national de la justice et garde de sceaux. (Chapitre 2).

CHAPITRE 1.

LE STATUT DES MAGISTRATS DE L'ORDRE JUDICIAIRE ET ADMINISTRATIF EN RDC

La profession de magistrat en RDC présente comme caractéristique d'être statutaire, ce qui signifie que les règles applicables aux magistrats y sont définies unilatéralement par la puissance publique.

Le contrat n'y est source d'aucune norme ou obligation, ni collectivement ni individuellement. Même la démission ne prend effet que si elle est acceptée par un acte unilatéral de l'autorité, en l'occurrence l'ordonnance du Président de la République.

Qui est donc ce magistrat appartenant à l'ordre judicaire et administratif en RDC ? Quels sont les devoirs et obligations auxquels il est tenu ? A quoi est-il différent des magistrats appartenant aux autres ordres dans le système d'organisation du pouvoir judiciaire ?

Aux multiples préoccupations soulevées ci-dessus, l'intérêt portera préalablement sur l'analyse du statut des magistrats de l'ordre judiciaire et administratif (Section 1) ; un regard sera par la suite tourné succinctement à l'examen de catégorie particulière des autres magistrats dont le régime disciplinaire diffère de ceux-là. (Section 2).

SECTION 1. LES MAGISTRATS DE L'ORDRE JUDICIAIRE ET ADMINISTRATIF AU SENS DU DROIT POSITIF CONGOLAIS

L'adoption de la loi portant statut des magistrats de l'ordre judicaire et administratif en RDC répond au respect du principe constitutionnel. En application de l'article 123 de la Constitution du 18 février 2006 modifiée par la loi n° 11/002 du 20 janvier 2011 portant révision de certains articles, le législateur congolais a tenu de fixer le statut desdits magistrats par la loi n° 06/020 du 10 octobre 2006 telle que modifiée et complétée à ce jour. Il s'avère donc impérieux de cerner la portée de ce statut des magistrats dans le contexte général de droit de la fonction publique ; (§1) puis d'en faire ensuite son économie. (§2).

§1. Statut des magistrats congolais : évolution ou objet de controverse.

Un statut, c'est, pour reprendre une expression du philosophe du droit allemand Ihering, particulièrement pertinente, « *une situation juridiquement protégée*». Pareille définition porte en elle-même la justification d'un statut pour les fonctionnaires, qu'il s'agit de protéger contre l'arbitraire et le favoritisme toujours possible du pouvoir politique, pour leur permettre d'assumer leurs missions en dehors de toute pression, dans le seul intérêt général. En cela, le statut revêt un caractère foncièrement libéral, car soustrayant l'appareil de l'Etat à la pression des détenteurs momentanés du pouvoir d'Etat.[24]

Le souci de « particulariser » la profession des magistrats dans l'ordre juridique interne congolais dénote le caractère majeur de droit disciplinaire des magistrats lequel est construit par soustraction au droit commun du travail, en marge de ce dernier.

Aux termes de l'article 149 de la Constitution : « le pouvoir judiciaire est indépendant du pouvoir législatif et du pouvoir exécutif. Il est dévolu aux cours et tribunaux qui sont : la Cour constitutionnelle, la Cour de cassation, le Conseil d'Etat, la Haute cour militaire, les cours et tribunaux tant civils que militaires.» Les magistrats sont des principaux animateurs de ces institutions judicaires.

Pour fixer le statut de ces magistrats, le législateur a adopté la loi organique n°06/020 du 10 octobre 2006 portant statut des magistrats telle que modifiée à ce jour. Ce texte législatif d'une importance non moindre matérialise la volonté de renforcer l'indépendance du pouvoir judiciaire, lequel longtemps inféodé par le pouvoir exécutif.

---

[24] Pochard (M)., « Définition et genèse du Statut de la fonction publique » *in Les 100 mots de la fonction publique (2011)*, collection que sais-je ? , Ed PUF, 2011, p 5-13.

Cependant cette loi ne donne pas la définition du concept « magistrat. »

C'est respectivement au niveau de l'article 2 de la loi organique n°13/011-B du 11 avril 2013 portant organisation, fonctionnement et compétences des juridictions de l'ordre judiciaire et de l'article 25 de la loi organique n° 16/027 du 15 octobre 2016 portant organisation et fonctionnement des juridictions de l'ordre administratif que l'on trouve une énumération des personnes que le législateur congolais entend à considérer comme magistrats.

Ainsi au sens de l'article 2 de la loi organique n°13/011-B du 11 avril 2013 portant organisation, fonctionnement et compétences des juridictions de l'ordre judiciaire sont magistrats de l'ordre judiciaire :

1. le premier président, les présidents et les conseillers de la Cour de cassation ; le premier président ; les présidents et les conseillers de la Haute cour militaire ; le premier président, les présidents et les conseillers de la Cour d'appel ; le premier président, les présidents et les conseillers de la Cour militaire et de la Cour militaire opérationnelle ; le président et les juges des tribunaux de grande instance ; le président et les juges des Tribunaux de commerce ; le président et les juges des tribunaux de travail ; le président et les juges des tribunaux militaires de garnison ; le président et les juges des tribunaux de paix ; le président et les juges des tribunaux militaires de police.
2. le procureur général, les premiers avocats généraux et les avocats généraux près la cour de cassation ; l'auditeur général des forces, les premiers avocats généraux des forces armées et les avocats généraux des forces armées près la haute cour militaire ; le procureur général, les avocats généraux et les substituts du procureur général près la cour d'appel ; l'auditeur militaire supérieur, les avocats généraux militaires et les substituts de l'auditeur militaire supérieur près les cours militaires ; le procureur de la république , les premiers substituts et substituts du procureur de la république près les tribunaux de grande Instance ; l'auditeur militaire de garnison, les premiers substituts

et les substituts de l'auditeur de garnison près les tribunaux de garnison.

Par ailleurs, l'article 26 de la loi organique sur les juridictions de l'ordre administratif considère comme magistrats de l'ordre administratif des personnes ci-après :

1. le premier président, les présidents et les conseillers du Conseil d'Etat ; le premier président, les présidents et les conseillers des Cours administratives d'appel ainsi que les présidents et les juges des tribunaux administratifs ;
2. le procureur général, les premiers avocats généraux, les avocats généraux près le Conseil d'Etat, les procureurs généraux, les avocats généraux et les substituts du procureur général près les Cours administratives d'appel ainsi que les procureurs de la République, les premiers substituts du procureur de la République et les substituts du procureur de la République près les tribunaux administratifs.

Concrètement les dispositions légales précitées se contentent de dresser juste une liste des personnes que l'on qualifie des magistrats de l'ordre judiciaire et administratif en considération de leur grade et ce, sans donner une définition formelle du concept magistrat.

Face à ce silence, les éléments définitionnels du concept magistrat sont tirés donc de la doctrine. Le mot magistrat vient du latin *magistratus*, c'est-à-dire la charge, la fonction publique, la magistrature. Au sens strict du terme, c'est toute personne appartenant au corps judiciaire et investie, à titre professionnel, du pouvoir de rendre la justice (alors on parle des magistrats du siège) ou de requérir au nom de l'Etat (magistrat du parquet ou magistrat débout, magistrat du ministère public ou le ministère public ou encore l'officier du ministère public)[25]

A travers cette définition, il y a lieu de retenir que sont magistrats d'une part le juge chargé de rendre le jugement ou de prendre certains

[25] Matadi Nenga (G). , *Droit judiciaire privé*, Ed droit et idées nouvelles, Kinshasa, 2006, p86.

actes dont les attributions lui ont été expressément reconnues par loi et d'autre part l'officier du ministère public appelé de requérir au nom de l'Etat. Ce dernier est désigné aussi sous l'appellation du magistrat débout, magistrat du parquet.

Une autre remarque plus importante est le revers majeur du statut des magistrats du ministère public partant de la révision de la Constitution du 18 février 2006 plus précisément à son article 149 : La suppression des parquets comme relevant du pouvoir judiciaire. L'ancien article 149, alinéa premier, qui garantissait l'indépendance du Pouvoir judiciaire indiquait que celui-ci était dévolu aux cours et tribunaux ainsi qu'aux parquets près ces juridictions[26].

La loi constitutionnelle supprime les parquets parmi les titulaires du pouvoir judiciaire. Désormais, l'article 149 alinéas 1 et 2 de la Constitution a la teneur suivante : « *Le pouvoir judiciaire est indépendant du pouvoir législatif et du pouvoir exécutif. Il est dévolu aux cours et tribunaux qui sont : la Cour constitutionnelle, la Cour de cassation, le Conseil d'Etat, la Haute cour militaire, les cours et tribunaux tant civils que militaires.* »

L'exposé des motifs de la loi constitutionnelle (dans la suite : L'Exposé des motifs) précise que l'amendement apporté « remet en harmonie l'article 149 avec les articles 150 et 151 qui proclament l'indépendance du seul magistrat du siège dans sa mission de dire le droit.

Faisant commentaire dans un article à ce propos, Yatala Nsomwe Ntambwe[27] note que les parquets ayant été une composante du pouvoir judiciaire, le fait de les y soustraire constitue une atteinte à l'indépendance de ce pouvoir. C'est une violation de l'article 220 de

---

[26]Article 3 de la loi organique n°08/013 du 05 aout 2008 portant organisation et fonctionnement du Conseil supérieur de la magistrature : « Le pouvoir judiciaire est dévolu aux cours et tribunaux civils et militaires ainsi que les parquets près ces juridictions ».

[27]Yatala Nsomwe Ntambwe (C)., « L'inconstitutionnalité substantielle de la révision des dispositions constitutionnelles relatives au pouvoir judiciaire et aux Institutions provinciales. » in *www.droitcongolais.info*. pp1-9.

la Constitution qui prévoit l'irrévisabilité de cette matière. Il s'agit, en conséquence, d'une révision matériellement inconstitutionnelle.

L'argument de l'harmonie avec les articles 150 et 151 de la Constitution, martèle-il, dans l'exposé des motifs de la loi constitutionnelle ne pèse pas juridiquement, car les deux dispositions ainsi que l'ancien article 149, alinéa premier, de la Constitution, étaient de même rang et protégés par le même article 220 de la Constitution. Qui plus, est l'ancien article 149, alinéa premier, de la Constitution était une norme générale et basique concernant l'ensemble du pouvoir judiciaire, tandis que les articles 150 et 151 de la Constitution en est une concrétisation presque redondante, car ils ne portent que sur une composante de ce pouvoir.

Il faut signaler également que cette révision catastrophique impacte la composition du Conseil supérieur de la magistrature. Contrairement à la dénomination qui fait penser aux magistrats aussi bien du siège que du parquet, ce qui est conforme à l'ancien article 149 alinéa 1, de la Constitution, le Conseil supérieur de la magistrature est un organe de gestion du seul Pouvoir judiciaire (article 152, al 1 de la constitution) dont ne font plus partie les Parquets. Seuls donc les membres de ce pouvoir, selon l'article 149 révisé, al 1 et 2, sont habilités à y siéger.

Les magistrats des parquets doivent être écartés de cet organe par respect pour la loi constitutionnelle et pour la cohérence du système institutionnel. De même, l'article 152 de la Constitution ainsi que l'article 3 de la loi sur le conseil supérieur de la magistrature doivent être révisés et plus rapidement possible, presque à la même vitesse que la dernière révision constitutionnelle, pour éviter de sombrer dans la désharmonie constitutionnelle.

Donc, les parquets ont été détachés du pouvoir judiciaire sans être attachés formellement à un autre pouvoir. Ce n'est que vers l'année 2013 avec la promulgation de la loi organique n°13/011-B du 11 avril 2013 portant organisation, fonctionnement et compétence des juridictions de l'ordre judiciaire que l'article 70 va disposer que les officiers du ministère public sont placés sous l'autorité du ministre ayant la justice dans ses attributions. Ce qui pose certes le problème de son fondement ainsi que de sa conformité à la Constitution au plan *stricto sensu.*

La conséquence de la suppression des parquets comme titulaire du pouvoir judiciaire devrait à tout état de cause avoir de l'incidence sur le régime disciplinaire des magistrats du ministère public. Autrement dit, ils sont appelés, en principe, à être soumis à un système de régime disciplinaire diffèrent de celui des magistrats du siège. D'où le débat est relancé aujourd'hui autour du statut des magistrats du ministère public.

En droit comparé, on constate que les magistrats du parquet sont soumis souvent à un statut spécifique, notamment en matière de surveillance disciplinaire. Ils sont généralement placés sous la direction et le contrôle d'un chef hiérarchique (procureur général)[28], lequel est souvent lui-même placé sous l'autorité (d'un membre) du pouvoir exécutif, voire sous l'autorité du pouvoir législatif. L'existence d'une hiérarchie interne au parquet, de même que, le cas échéant, l'existence d'un droit de regard du pouvoir exécutif ou législatif sur l'activité du parquet distinguent encore largement, à travers le monde, les magistrats du parquet des magistrats du siège.

En Suisse, les cantons ayant institué un conseil de la magistrature prévoit pour tous un régime de surveillance disciplinaire commun aux magistrats cantonaux du siège et du parquet.[29]

Tout récemment avec la fameuse tentative des propositions des lois Minaku-Sakata[30] sur la réforme du système judicaire congolais, le

[28] Guicheteau (G)., De la discipline dans la magistrature, thèse Rennes 1875 p.182

[29]Marty, Richterzeitung, N 7. Pour plus de détails et pour un aperçu de droit comparé, cfr. TALLERI, passim. Cfr. ég. la solution adoptée dans le canton de Vaud, qui prévoit l'application par analogie des règles de droit disciplinaire applicables aux magistrats du siège (art. 19 s. LMPu/VD) ; à noter que les « autres procureurs » suivent un régime particulier en tant qu'ils sont soumis au pouvoir disciplinaire du Conseil d'Etat (art. 20 al. 2 LMPu/VD) tandis que le procureur général est soumis à l'autorité du Tribunal neutre à l'instar des juges cantonaux (art. 20 al. 1 LMPu/VD, art. 31c al. 2 LOJV/VD ; sur le régime disciplinaire vaudois, cf. pour le surplus infra, Chap. 6, N 948-97

statut des magistrats du parquet a fait, en effet, l'objet de nombreuses interrogations complexes et a irrigué bien des débats à l'intérieur, mais aussi à l'extérieur, du corps judiciaire. Ces débats ont été marqués par l'approximation et la confusion sur quelques principes.

En substance, au cœur desdits débats, il ne peut que s'agir, de l'indépendance du parquet tout entier et non de chacun de ses membres pris individuellement comme a fait remarquer également le Procureur Général près la Cour de cassation française Mr. Jean-Claude Marin. Les principes cardinaux de la hiérarchie et d'indivisibilité du Ministère public sont une garantie donnée aux citoyens d'une égalité devant la loi et d'une cohérence territoriale, de l'exercice de l'action publique sur notre territoire, avec des amodiations rendues nécessaires par des spécificités régionales ou locales. [31]

Bref, la société attend beaucoup des magistrats, mais ils ne possèdent pas de qualités surhumaines. En contrepartie des contraintes légales et déontologiques spécifiques auxquelles ils sont soumis, la société leur accorde un statut privilégié, un certain prestige et sa confiance[32]. Les magistrats congolais de l'ordre judiciaire et administratif ne restent pas en marge. Ils bénéficient eux aussi d'un

---

[30]Profonds désaccords sur les trois projets propositions de lois Minaku- Sakata. Les honorables députés Aubin Minaku et Gary Sakata avaient déposé au bureau de l'Assemblée nationale trois propositions de lois respectivement portant sur - le statut des magistrats, - l'organisation et le fonctionnement des juridictions de l'ordre judiciaire ainsi que sur- le Conseil supérieur de la magistrature. De plusieurs points abordés, figure notamment celui de la réforme qui vise à donner selon eux plein sens à l'autorité du Ministre de la justice sur les magistrats du Parquet qui sont les bras séculiers du gouvernement pour la mise en exécution de sa politique criminelle. L'article 70 bis de leur proposition de loi organique sur les juridictions de l'ordre judiciaire a institué la conférence des Procureurs près les juridictions de l'ordre judiciaire en vue d'échanger sur les options gouvernementales de la politique pénale.

[31] Cfr. Discours prononcé par le Procureur Général près la Cour de cassation française Mr. Jean-Claude Marin, axé sur la thématique : « L'autorité judiciaire dans l'Etat. L'indépendance statutaire du parquet est-elle compatible avec la définition d'une politique pénale nationale.» *in www. Courdecassation.fr'* CADEJ- Session 2017-2018. pp.1-11.

[32] Gall, (G.L), Magistrature du Canada, in *Encyclopédie canadienne*, 2017.

statut particulier dont l'économie du contenu de la loi qui en fixe demeure indispensable.

§2. Economie de la loi portant statut des magistrats congolais de l'ordre judiciaire et administratif

La constitution de la RDC proclame l'indépendance du pouvoir judiciaire. Les membres de ce pouvoir sont gérés par le Conseil supérieur de la magistrature désormais composé exclusivement des seuls magistrats.

Pour assurer cette indépendance, le législateur a fait bénéficier les magistrats congolais d'un statut particulier matérialisé par l'adoption de la loi organique n° 06/020 du 10 octobre 2006 portant statut des magistrats telle que modifiée et complétée par la loi organique n° 15/014 du 1er août 2015.

Cette loi a pour objet de contribuer d'une manière significative à l'amélioration des conditions de travail des magistrats ainsi qu'au renforcement de la justice. Elle a abrogé l'ordonnance-loi n°88/056 du 29 septembre 1988 qui n'était plus conforme avec l'esprit et l'ordre constitutionnel nouveau.

Elle comprend 92 articles, répartis entre six principaux titres qui traitent respectivement les points ci-après :

- du recrutement, du signalement et des promotions, du grade et du rang hiérarchique des magistrats (*titre premier*)
- des droits, des devoirs, des positions, de la relevé anticipée des fonctions et de la démission des magistrats *(titre deuxième*)
- du régime disciplinaire, des incompatibilités, de la retraite et de la pension (*titre troisième)*
- des avantages accordés après la cessation définitive de service du magistrat (*titre quatrième)*
- des dispositions particulières (*titre cinquième*)
- des dispositions transitoires et finales (*titre sixième)*
- Annexe.

Outre les différents titres sus-indiqués, qui forment le corps du texte, un exposé des motifs y précède afin de spécifier la philosophie qui a prévalu pour l'adoption de cette loi qui fixe le statut des magistrats.

A. Exposé des motifs.

Dans la pratique comme en droit français[33] l'exposé des motifs vise à préciser les raisons pour lesquelles la loi organique est proposée, l'esprit dont elle procède, les objectifs qu'elle se fixe et les modifications qu'elle apporte au droit existant.

Plus précisément, la démarche suivie par le législateur congolais consiste à :

- renforcer l'indépendance du pouvoir judiciaire,
- de reconnaitre au seul Président de la République ses prérogatives constitutionnelles en tant qu'unique autorité de nomination, de promotion et de révocation de tous les magistrats sur proposition du Conseil supérieur de la magistrature,
- de revaloriser ledit Conseil, désormais composé exclusivement des magistrats devant jouer un rôle prépondérant dans la gestion administrative, disciplinaire et financière du corps,
- de revaloriser le statut social et professionnel du magistrat qui devra être considéré effectivement comme membre d'un pouvoir constitutionnel[34].

B. Corps du texte

Le contenu de cette loi organique portant statut des magistrats est articulé essentiellement autour de cinq points ci-après :

1. Les conditions de recrutement ;
2. Le déroulement de la carrière ;
3. Devoirs, droits et incompatibilités :

[33] Devriendt (E), et Monte (M) ., « L'expose des motifs : un discours d'autorité. Le cas des lois françaises de 2003, 2010 et 2014 sur les retraites » in *Open Edition journals*, n° 107/2015 ENS Editions, 23 mars 2015, pp 67-84.

[34] Exposé des motifs de la loi organique portant statut des magistrats.

4. Régime disciplinaire ;
5. Fin de carrière.

Catégorie des magistrats. La loi portant statut des magistrats distingue deux catégories des magistrats : les magistrats du siège et les magistrats du parquet. Ils partagent d'une part les caractéristiques communes et chaque catégorie par contre a des caractéristiques spécifiques, d'autre part.[35]

a. Caractéristiques communes aux magistrats (magistrats du siège et magistrats du parquet) :

- Le statut des magistrats du siège et ceux du parquet tire leur fondement de la constitution (art 122 point 6 de la constitution) ;
- Les conditions relatives à leur recrutement sont identiques (art 1 de la loi organique portant statut des magistrats) ;
- Ils sont tous membres du pouvoir constitutionnel, en l'espèce, le pouvoir judiciaire ;
- Ils prêtent tous le serment statutaire dans les mêmes termes. ; (Art. 5 du statut du magistrat)
- Dans l'exercice de leurs fonctions, ils engagent tous la responsabilité civile de l'Etat ;
- Ils sont placés tous dans une situation de hiérarchie sur le plan administratif.

b. Caractéristiques propres à chaque catégorie des magistrats :

Les magistrats du siège :

- Ils sont investis du pouvoir de dire le droit ;
- Ils sont indépendant dans l'exercice de leur mission ;
- Ils ne sont hiérarchisés qu'uniquement sur le plan administratif ;
- Le juge est le gardien des lois dont il doit faire application ;

---

[35] Nkulu (H-P). , synthèse du cours de déontologie des magistrats, des avocats et fonctionnaires internationaux, 2011, (inédit) p3 et 4.

- Le juge n'a le pouvoir de prendre que des actes limités au sein de la juridiction où il est affecté ;
- Le juge a le pouvoir d'interpréter les lois ;
- Les juges sont inamovibles.

Les magistrats du Parquet :

- Ils sont gardiens de l'ordre public ;
- Ils ne sont pas indépendants dans l'exercice de leur mission ;
- Leurs chefs hiérarchiques peuvent leur donner des directives ;
- Ils sont partiellement agents du pouvoir exécutif ;
- Le ministre national de la justice a le pouvoir de leur donner des injonctions (qui doivent par ailleurs être conforme aux lois) ;
- Ils sont soumis au principe de l'indivisibilité duquel découle leur interchangeabilité ;
- Ils peuvent exercer le pouvoir de tutelle ou de mandataire à l'endroit de certaines personnes incapables.

Recrutement des magistrats. - L'article 2 de la loi portant statut des magistrats fixe les modes du recrutement des magistrats aussi bien de l'ordre judiciaire qu'administratif. Il s'agit, en l'espèce, de *concours* qui reste le principe et le recrutement *sur titre* l'exception lorsque le nombre de candidats ne dépasse celui des postes à pouvoir. Cependant pour les candidats ayant exercé comme avocat durant au moins cinq ans, ils sont dispensés du concours.[36]

Concernant singulièrement des magistrats appartenant à l'ordre administratif, outre les modes du recrutement sus-indiqués, l'article 406 de loi organique sur les juridictions de l'ordre administratif constitue une disposition transitoire permettant de recruter les candidats magistrats de ces juridictions à titre exceptionnel dans le quinze années de l'installation desdites juridictions.

[36] Article 3 de la loi organique portant statut des magistrats.

Ainsi ces candidats magistrats[37] sont choisis, pour le Conseil d'Etat, parmi les titulaires du grade de docteur en droit ayant enseigné le droit pendant quinze ans au moins dans une université en qualité d'assistant, chef des travaux ou professeur, ou parmi les avocats jouissant d'une expérience d'au moins quinze ans ; et pour les Cours administratives d'appel et les tribunaux administratifs, parmi les titulaires de grade de diplôme d'études supérieures en droit au moins, jouissant d'une expérience d'au moins dix ans, ou parmi les avocats jouissant d'une expérience professionnelle d'au moins cinq ans.

Cette disposition transitoire du recrutement à titre exceptionnel des candidats magistrats des juridictions l'ordre administratif demeure tout de même critiquable à plusieurs points :

- D'abord sur le plan de la légistique formelle l'alinéa 1 de l'article 406 de cette loi s'apparente plutôt à une disposition provisoire dont la force obligatoire est limitée dans le temps pourtant l'intitulé du titre VII est de nature à semer la confusion par rapport au régime des dispositions transitoires.
- Ensuite, sur le plan pratique il est mal aisé de demeurer dans une situation d'exception comme mode de recrutement pendant une longue période de transition de quinze ans. Le législateur devrait, en principe, tout en se référant à l'article 2 et 3 de la loi sur le statut des magistrats, retenir des critères spécifiques présidant au recrutement des magistrats de ces juridictions et ce, au regard de la technicité de la matière à traiter par celles-ci qui exige une certaine expérience professionnelle et une connaissance avérée du droit administratif.

Il y a lieu de relever ici que les conditions de recrutement des magistrats de l'ordre judiciaire et administratif se résument aussi bien sur le plan de fond que de la forme.

---

[37] La version reprise est celle de la Cour constitutionnelle siégeant en matière de contrôle de constitutionnalité sous R. Const 309, le 10 août 2016 a précisé le sens de l'article 406 alinéa 2 de la loi sur les juridictions administratives.

a. Conditions de fond :

- Posséder la nationalité congolaise, parce que l'Administration de la justice est un service public ; le certificat de nationalité est requis comme preuve.
- Etre âgé d'au moins 21 ans et ne pas avoir dépassé l'âge de 40 ans : L'âge retenu est nécessaire parce que le magistrat doit être formé et sur le plan du caractère et sur le plan de la personnalité ;
- Avoir les aptitudes physique exigées pour l'exercice de la profession : fournir un certificat médical pour ce faire ;
- Etre titulaire d'au moins d'une licence en droit délivrée par l'enseignement national ou reconnue équivalente ;
- Fournir un extrait de mariage pour les candidats mariés.

b. Conditions de forme : procédés de recrutement.

La loi a retenu deux procédés de recrutement des magistrats de l'ordre judiciaire et administratif : le concours (à titre principal) et le recrutement sur titre (procédé exceptionnel).

b.1. Le concours.

Ne sont retenus, à l'issue du concours que les candidats ayant obtenu les points au-dessus de la moyenne requise et classé en ordre utile eu égard au nombre des postes à pouvoir. Sont cependant dispensés du concours, les candidats ayant exercé comme avocat durant au moins cinq ans.

b.2. Le recrutement sur titre.

Le recrutement sur titre n'est possible que lorsque le nombre des candidats ne dépasse pas celui de poste à pourvoir. Il faut noter que le recrutement, quel qu'il soit, est toujours effectué à l'initiative du Conseil supérieur de la magistrature et requiert une publicité préalable par voie d'avis officiel dans tous les chefs-lieux des provinces, fixant un délai utile pour l'introduction des candidatures.

Et l'autorité compétente pour faire des nominations demeure le Président de la République. Seule l'ordonnance du Président de la République peut attribuer la qualité de magistrat. Toutefois, cet acte unilatéral ne relève pas du pouvoir discrétionnaire du chef de l'Etat ; il ne peut intervenir que sur proposition du Conseil supérieur de la magistrature et ce conformément au statut des magistrats (respect des conditions de fond et de forme oblige, Cfr. infra).

Déroulement de la carrière. Les candidats magistrats qui ont réunis les conditions du recrutement, après avoir satisfaits, au concours sont nommés par ordonnance du Président de la République.

Le déroulement de la carrière des magistrats est toujours précédé d'une période d'encadrement. Avant d'entrer en fonction, ils prêtent le serment statutaire. Le parcours de leur carrière peut être affecté par différentes situations. Ils bénéficient de promotion au point qu'à la fin de la carrière, ils gardent selon le cas des figures certains avantages.

a. Période probatoire

Les candidats dûment retenus et nommés par ordonnance présidentielle sont admis à l'école supérieure de la magistrature et soumis à un stage de 12 mois. A l'issue de ce stage, un rapport ad hoc est obligatoirement dressé par le Procureur de la République (art.4 al.2 et 3).La loi reste muette quant à la suite réservée pour une période de stage non concluante.

Que de procéder en amont à la nomination des candidats magistrats par ordonnance présidentielle, il scrait souhaitable avant tout que ceux-ci, après satisfaction au concours, puissent passer à l'école supérieure de la magistrature. Ainsi, à l'issue d'une période de stage concluante, ils seront proposés alors pour la nomination. Pour les candidats dispensés du concours, le passage à cette école viserait essentiellement leur mise à niveau.

b. La prestation de serment

La pratique du serment est aussi vieille que la vie en société dans sa forme primitive dans la mesure où elle a toujours existé parmi les hommes et a résisté à l'usure du temps, et est devenue courante dans plus d'une structure.[38]

En RDC, l'exercice de la profession de magistrat consacre cette pratique du serment à tout magistrat avant d'entrer en fonction. Le serment est prévu à l'article 5 de la loi portant statut des magistrats qui dispose que le magistrat n'entre en fonction qu'après avoir prêté verbalement ou par écrit, devant la juridiction à laquelle il est affecté, le serment : « *Je jure de respecter la Constitution et les lois de la République démocratique du Congo et de remplir loyalement et fidèlement, avec honneur et dignité, les fonctions qui me sont confiées.* »

Dans le même sens, l'article 13 du même texte prévoit que le magistrat nommé ou désigné à de nouvelles fonctions renouvelle le serment prévu à l'article 5 devant la juridiction à laquelle il est attaché.

S'agissant de la forme de prestation dudit serment, le magistrat peut le faire verbalement ou par écrit. Si le magistrat ne prête pas par écrit ce serment statutaire, il est organisé une audience solennelle au cours de laquelle il satisfait à cette exigence, conformément à l'esprit de l'article 13 de l'arrêté d'organisation judiciaire n° 299/79 portant règlement intérieur des cours, tribunaux et parquets.

La solennité de l'audience procède d'un certain nombre de cérémonials qui dérogent aux règles applicables aux audiences ordinaires : le drapeau dans la salle d'audience, le magistrat se présentant à la barre en toge et le public constitué non des plaideurs.

L'audience solennelle de prestation ou de renouvellement de serment, laquelle est toujours publique, présente, à n'en point douter, le double avantage de convaincre les citoyens en général et les

---

[38]. Banide Wafole (L)., *Le serment du magistrat en droit congolais*, ed Cerdi, Kinshasa, 2014, p.32

justiciables en particulier de la noblesse de la fonction de magistrat et en même temps d'attirer l'attention de ce dernier sur les attentes des premiers qui deviennent ainsi témoins de son engagement et qui peuvent, le cas échéant, s'assurer que toutes ses interventions et même son comportement sont conformes au serment qu'il a prêté[39].

Il sied de noter que les magistrats militaires bien que régis par le même statut des magistrats prêtent serment dans les termes différents du prescrit de l'article 5.

L'article 66 de la loi n° 023-2002 du 18 novembre 2002 portant code de justice militaire prévoit que les magistrats militaires prêtent leur serment devant le Président de la République en personne ou par écrit en ces termes : « *Je jure devant Dieu et la nation, obéissance à la constitution et aux lois de la République, et de remplir loyalement et fidèlement les fonctions qui me sont confiées* ».

Kambala Mukendi Jean Isaac Camile note que la justice militaire comme la justice de droit commun relèvent du pouvoir judiciaire, par conséquent, en RDC, il n'existe qu'une et unique justice républicaine qui est rendue aussi bien en milieu civil qu'en milieu militaire. Le serment des magistrats militaires comporte la référence à Dieu. Ce qui ne s'explique pas dans un Etat laïc[40].

Il aurait donc été souhaitable que, pour faire régner l'esprit de corps et l'identité de vues sur les principes et les grands axes de leur domaine entre les magistrats civils et ceux militaires, la formule du serment soit la même, point de vue qui n'est certes pas partagé par l'auteur précité qui pense que la loi portant statut des magistrats étant postérieure à celle n° 023-2002 portant code de justice militaire du 18 novembre 2002, ce sont ces dernières dispositions relatives au serment du magistrat qui doivent être d'application.[41]

Donc les magistrats sont tenus de prêter serment avant de poser les actes de leur ministère. Ce qui est une sorte d'engagement à faire

---

[39] Banide Wafole (L), *op.cit.*, p34.

[40] .Kambala Mukendi (J-I C). , *Eléments de droit judiciaire militaire congolais*, Collection Droit et Société, Editions universitaires africaines, Kinshasa, 2009, p.27

[41] Banide Wafole (L), *op.cit*, p40.

prendre conscience au magistrat de la délicatesse de sa fonction et de la grandeur de sa responsabilité dans la société avec comme conséquence le devoir d'en assumer les conséquences de sa violation.

c. *Les positions dans le déroulement de carrière (art. 28 et suivants du statut des magistrats).*

Au cours de sa carrière, le magistrat peut se trouver dans l'une des positions suivantes : activité de service, détachement et disponibilité.

c.1.L'activité de service.

Un magistrat est en activité de service, lorsqu'il exerce effectivement les fonctions qui lui sont attribuées.

Il y a cependant des cas où le magistrat, bien que n'exerçant pas de manière effective ses fonctions, est considéré comme en activité de service, et jouit par conséquent de tous les avantages attachés au déroulement de la carrière. Il s'agit des hypothèses suivantes :

- le fait pour un magistrat d'exercer certaines fonctions particulières (servir dans le cabinet du Ministre de la justice) ;
- le fait d'être affecté au Conseil supérieur de la magistrature ;
- le fait d'être affecté au service de documentation ;
- le fait d'être à l'inspection générale judiciaire ;
- les missions officielles dans le cadre de service etc.
- le congé (art.30 et suivants du statut des magistrats).

Le congé est la position d'un magistrat dont les fonctions sont temporairement interrompues pour des raisons de santé, pour lui assurer une détente ou lui permettre de faire face à certaines circonstances de la vie.

Il y a trois sortes des congés (art. 31 du statut des magistrats) :

- *Le congé de reconstitution* : il est de trente jours pour une année entière de service ; il est pris selon les convenances de l'agent et les nécessités de service.

- *Le congé de maladie ou d'infirmité* : la maladie ou l'infirmité doit être dûment constatée par un certificat médical et doivent être de nature à ne pas permettre l'intéressé d'exercer ses fonctions.
- *Les congés de circonstances* : ils sont accordés en vue de permettre au magistrat de faire face aux événements suivants : son mariage ; accouchement de l'épouse ; décès du conjoint ou d'un parent au premier degré ; décès d'un parent ou allié proche au deuxième degré; déménagement; mariage d'un enfant. Les congés de circonstances ne peuvent être pris qu'au moment des événements qui les justifient. Et leurs durées varient entre deux et six jours selon le cas (art. 31 §3 du statut du magistrat).

Les effets des congés se résument en sens qu'à son expiration (quel qu'il soit), le magistrat concerné réoccupe d'office son poste, sans qu'il soit besoin d'une mesure préalable de réaffectation.

Tous ces cas sus-indiqués entrent en ligne de compte dans le calcul de la carrière. En cas de promotion, le fait que la loi exige au moins 3 ans de carrière, ces temps seront considérés comme faisant partie du déroulement de la carrière, il en est de même du temps de congé.

c. 2. Le détachement (art. 33 et ss de la loi organique portant statut des magistrats).

Le détachement est la position du magistrat qui est autorisé à interrompre provisoirement ses fonctions pour prester ses services au sein d'administrations, institutions ou organismes officiels autres que ceux qui dépendent du pouvoir judiciaire.

L'article 34 de statut des magistrats pose les conditions du détachement :

- le détachement ne peut être accordé qu'à un magistrat revêtu d'un grade égal ou supérieur à celui du juge du tribunal de grande instance ou de premier substitut du procureur de la République.
- le magistrat qui fait l'objet d'une procédure disciplinaire ne peut être détaché.

L'article 33 al 2 du statut du magistrat fixe la durée du détachement et l'autorité habilitée à l'accordée. Le détachement est accordé par les premiers présidents de la Cour de cassation, du Conseil d'Etat ou les procureurs généraux près ces juridictions, selon qu'il s'agit d'un magistrat du siège ou du parquet. Il est en outre accordé pour une durée qui ne peut excéder trois ans, une fois renouvelable.

Comme effets du détachement :

- En ce qui concerne la rémunération, le magistrat est désormais à charge de l'organisme ou de l'institution qui l'emploie.
- Il est soustrait à l'empire du Statut des magistrats et désormais soumis au Statut de l'administration, de l'institution ou de l'organisme officiel qui l'emploie.
- A l'expiration du détachement, sauf pour le magistrat de la Cour de cassation, du Conseil d'Etat ou des parquets généraux près ces juridictions qui reprend d'office le service, les autres magistrats sont replacés en activité de service et réaffectés par le président du Conseil supérieur de la magistrature, sur proposition du premier président de la Cour de cassation, du Conseil d'Etat ou des procureurs généraux près ces juridictions selon que le magistrat est du siège ou du ministère public.

c.3.La mise en disponibilité (art.36 du statut des magistrats).

La disponibilité est la position du magistrat qui interrompt ses services, pour convenances personnelles ou pour une cause indépendante de sa volonté, ou qui est autorisé à les interrompre dans l'intérêt du service.

Deux cas de mise en disponibilité. : *la mise en disponibilité d'office* et *la mise en disponibilité à la demande du magistrat*. Dans tous les deux cas, la mise en disponibilité est toujours prononcée par le président du Conseil supérieur de la magistrature.

Le magistrat est mis en disponibilité d'office pour :

- cause de maladie ou d'infirmité ; lorsqu'il a obtenu, pendant une période de douze mois consécutive, des congés de maladie d'une durée totale de six mois et qu'il n'est pas apte à reprendre son service à l'expiration de son dernier congé. La durée de la disponibilité ne peut, en ce cas, dépasser un an ;
- effectuer, dans l'intérêt du service, des études ou stage de perfectionnement en République démocratique ou à l'étranger ;
- lorsqu'il est nommé par le Président de la République à d'autres fonctions hors du pouvoir judiciaire ; lorsqu'il est appelé à exercer d'autres fonctions hors du pouvoir judiciaire.

La disponibilité à la demande du magistrat ne peut être accordée que dans les cas ci-après :

- Pour l'exercice des fonctions politiques ou électives incompatible avec sa profession. Dans ce cas, la durée de la disponibilité correspond à celle de la fonction politique ou du mandat électif ;
- Pour effectuer des études ou des recherches en RDC ou à l'étranger présentant un intérêt général pour le pays. Dans ce cas, la durée de la disponibilité ne peut excéder cinq ans ; néanmoins, cette durée est renouvelable une fois.

Les conditions de la mise en disponibilité :

- le magistrat doit avoir acquis une ancienneté de trois ans au moins dans la carrière ; cette mise en disponibilité ne peut être accordée à un magistrat qui fait l'objet d'une mesure disciplinaire ;
- pour des raisons sociales (dans le cas où le magistrat accompagne son conjoint en mutation ; le magistrat accompagne son conjoint ou son enfant mineur dans un lieu d'hospitalisation ou de traitement en RDC ou à l'étranger et dans ce cas, la durée de la disponibilité ne peut excéder un an.)

Les effets de la mise en disponibilité (art.39 et suivants du statut des magistrats) :

- Pour ce qui est de la rémunération, le magistrat verra celle-ci réduite ou même supprimée conformément aux prescrits des articles 39 et 40 de statut des magistrats et ce, selon le type de disponibilité.
- La disponibilité rend vacant le poste occupé par le magistrat ;
- A l'expiration de la période de disponibilité, l'intéressé est replacé en activité de service, sauf le cas de mise en disponibilité pour cas de maladie ou d'infirmité le rendant inapte et de l'impossibilité pour le magistrat de rejoindre son poste d'attache (cette situation, bien que n'ayant pas été citée parmi les différentes hypothèses de disponibilité, constitue également un cas de mise en disponibilité).

d. Le signalement et la promotion.

d.1.Le signalement.

d.1.a.Notion et objet.

Le signalement répond à un double objet : il permet de connaître le rendement et la conscience professionnelle du magistrat d'une part et d'apprécier l'aptitude qu'a ce dernier à bénéficier d'une promotion de l'autre part.

Il consiste en un bulletin (appelé « bulletin de signalement ») dans lequel sont brièvement décrites les activités exercées pendant l'année écoulée et dans lequel est attribuée une appréciation du mérite du magistrat. L'appréciation de ce mérite est synthétisée par l'une des mentions suivantes : « élite », « très bon », « bon », « médiocre ».

d.1.b.Autorité compétente pour procéder au signalement.

Le droit congolais a instauré deux degrés en matière de signalement : le degré de proposition (ou le degré d'établissement provisoire) et le degré de confirmation (ou d'attribution définitive). Et ces deux échelons varient selon la catégorie des magistrats (art.8 Statut des magistrats).

d.1.c.Moment du signalement et recours (art.9 du statut du magistrat)

Le signalement est établi chaque année. L'autorité qui établit le bulletin y relatif, en transmet, dans un délai de huit jours, une copie au magistrat concerné. Celui-ci peut, dans les quinze jours de la réception de la copie du bulletin, introduire, s'il échet, un recours hiérarchique contre l'appréciation du mérite décerné au premier échelon. Le recours est transmis avec bulletin de signalement à l'autorité compétente pour l'attribution définitive. La décision d'attribution définitive est notifiée au magistrat et n'est susceptible d'aucun recours.

d.2.La promotion (article 10 et suivants du statut des magistrats).

Est nommé à un grade immédiatement supérieur, le magistrat qui a accompli au moins trois années de service dans un grade et qui a obtenu au moins deux fois la cote « très bon » pendant cette période et ne fait pas l'objet d'une sanction disciplinaire.

Le Président de la République a seul le pouvoir de promouvoir le magistrat sur proposition du Conseil supérieur de la magistrature.

Fin de la carrière. Les causes de fin de la carrière des magistrats de l'ordre judiciaire et administratif sont limitativement énumérées par le législateur congolais : la relève anticipée pour inaptitude physique ou professionnelle, la démission volontaire, la démission d'office, la révocation et la mise à la retraite.

a. La relève anticipée pour inaptitude physique ou professionnelle

L'inaptitude physique (maladie ou infirmité grave ou permanente) ou l'inaptitude professionnelle (grave ignorance du droit), doivent être constatées par une commission d'inaptitude appropriée et dûment composée.

L'inaptitude professionnelle est d'ailleurs constitutive d'une faute disciplinaire telle que nous aurons à la démonter dans la deuxième partie de ce travail. C'est le Président de la République qui est habilité à relever anticipativement un magistrat de ses fonctions, et ce sur proposition du Conseil supérieur de la magistrature.

b. La démission volontaire.

La démission volontaire doit être adressée au Président de la République par voie hiérarchique. Le requérant est tenu de rester en fonction jusqu'à l'acceptation (expresse) de sa démission.

Une acceptation tacite est requise, lorsque après l'écoulement d'un délai de quatre mois, à dater du dépôt de sa démission, le requérant n'obtient pas sa démission, auquel cas, il peut procéder à la remise et reprise. Le magistrat qui a valablement démissionné bénéficie de ses allocations de fin de carrière.

c. La démission d'office.

Est considéré comme démissionnaire d'office :

- le magistrat en congé, qui sans motif valable, n'aura pas repris le service après trente jours à dater de l'expiration de son congé ;
- le magistrat en disponibilité qui, après trente jours, méconnaît l'ordre écrit lui adresser par l'autorité compétente pour la reprise de ses fonctions ;
- le magistrat qui n'a pas prêté ou renouvelé le serment dans le délai d'un mois à partir du jour où il lui a été notifié une invitation écrite à ce faire ;
- le magistrat en détachement qui, trente jours après la fin de son détachement, méconnait l'ordre écrit donné par l'autorité compétente de reprendre ses fonctions.

De tout ce qui précède, il faut relever que la démission est constatée par une ordonnance du Président de la République, sur proposition du Conseil supérieur de la magistrature.

d. La révocation.

La révocation est soumise essentiellement à une procédure disciplinaire. Elle est prononcée contre un magistrat qui a commis une faute grave. Cependant, il y a des cas où le Conseil supérieur de la magistrature propose directement à la révocation, sur simple constatation, un magistrat qui a fait l'objet soit d'une condamnation définitive pour toute infraction intentionnelle soit si ce dernier est condamné à une peine privative de liberté supérieure à trois mois pour des faits pénaux répréhensibles.

La révocation d'office à la suite de la procédure disciplinaire étant considérée inconstitutionnelle par la Cour constitutionnelle congolaise au motif que la disposition de la loi organique qui a complété et modifié la loi portant statut des magistrats viole le double degré de juridiction et l'exercice de voie de recours (cfr Responsabilité civile des magistrats : cas de prise à partie)

Seul le Président de la République peut révoquer, sur proposition du Conseil supérieur de la magistrature (art.49 loi organique portant statut des magistrats).

e. La mise à la retraite.

Le vieillissement de la population constitue une nouvelle donne démographique qui, conjuguée à l'allongement de l'espérance de vie, pèse sur les besoins de financement des régimes de retraite.[42] Pour répondre à cette situation, le cadre légal a prévu trois types de la mise à la retraite :

- la mise à la retraite par limite d'âge,
- la mise à la retraite par ancienneté ;
- la mise à la retraite à la demande de l'agent.

e.1.La mise à la retraite par limite d'âge.

[42].Chaslot-Robinet (S), « La mise à la retraite d'office. » *in Retraité et Société n° 54*, 2008/2 pp 218-225

Le fait pour un magistrat d'atteindre un certain âge, il peut être mis à la retraite. A ce niveau, l'âge arrêté est en principe de 65 ans. L'exception est de 70 ans pour les magistrats de la Cour de cassation, du Conseil d'Etat et des parquets généraux près ces juridictions.

e.2.La mise à la retraite par ancienneté.

Elle est prononcée lorsque le magistrat a accompli 35 ans de service.

e.3.La mise à retraite à la demande de l'agent.

Tout magistrat qui a atteint l'âge de 55 ans et qui a accompli une carrière d'au moins vingt-cinq ans de service, peut faire valoir ses droits à la retraite anticipée. Le magistrat retraité bénéficie des avantages sociaux prévus aux 2e et 5e points du 1e alinéa de l'article 25 du statut des magistrats.

Droits, devoirs et incompatibilités. Outre différents droits reconnus aux magistrats congolais par la loi portant statut des magistrats , ces acteurs judiciaires sont soumis aux devoirs au point de se voir être interdit d'exercer certaines activités incompatibles à leur fonction.

a. Les droits

Dans une section unique des articles 19[43] et suivants, chapitre 1, titre II, de la loi organique portant Statut des magistrats, le législateur répertorie certains droits qu'il estime importants dans l'exercice de la profession des magistrats jusqu' à la fin de la carrière. Cependant, un écart existe toujours entre le plan textuel et la pratique quant à la réalisation de ces droits.

b. Les devoirs.

[43] Article 19 de la loi portant statut des magistrats.

Dans la foulée, il n'existe pas une liste limitative des devoirs des magistrats congolais. Ces devoirs sont de deux types partant de leur origine, à savoir : ceux qui sont prévus par la loi et ceux qui découlent de la nature des fonctions. Les devoirs que la loi consacre sont prévus à l'article 27 de la loi sur le statut des magistrats (la fidélité, le dévouement, la dignité, la loyauté, l'intégrité et la conscience professionnelle).

Il y a des devoirs qui concourent par ailleurs à l'exercice des fonctions (la subordination hiérarchique, la modestie, la délicatesse etc.). En fait, les obligations qui découlent de la nature des fonctions n'est pas également exhaustive. Au regard de leur incidences sur le plan déontologique, ces devoirs seront examinés dans la rubrique des sources du droit disciplinaire au titre qui suivra.

c. *Les incompatibilités*

Les incompatibilités sont prévues par les articles 65 à 69 de la loi portant statut des magistrats. Elles se justifient par la nécessité pour un magistrat d'être entièrement disponible en vue de toujours être à même d'exercer un service public ; nécessité d'éviter qu'un magistrat se trouve dans une situation susceptible de nuire à l'exercice et à la crédibilité de ses fonctions.

Le législateur congolais commence par exclure d'abord le cas de détachement et de la mise en disponibilité du champ d'application des incompatibilités. Y restent alors toute activité professionnelle, salariée ou non, dans le secteur public ou privé. Cependant, le Président du Conseil supérieur de la magistrature peut dans les cas particuliers, autoriser un magistrat à enseigner dans une université ou dans un institut supérieur. Dans le même sens, le chef de juridiction ou d'office (pour les magistrats du parquet), peut accorder provisoirement cette autorisation, à condition d'en informer le Conseil supérieur de la magistrature.

Aucun magistrat ne peut directement ou indirectement (par personne interposée) exercer un commerce quel qu'il soit. Le magistrat ne peut être désigné comme arbitre, sauf si le litige soumis à l'arbitrage concerne des personnes qui lui sont apparentées ou alliées jusqu'au quatrième degré. Les magistrats parents ou alliés jusqu'au troisième degré, en ligne directe ou collatérale, ne peuvent siéger dans une même affaire (il est quand même prudent de rappeler que le Ministère public siège également dans une affaire).

Remarquons que certaines incompatibilités sont assimilées aux motifs de récusation, tels que prévus par la loi organique de 2013 sur le fonctionnement des juridictions de l'ordre judiciaire.

Régime disciplinaire. (*Voir.* Partie II sur le régime disciplinaire des magistrats).

c. Annexes.

c.1. *Valeur juridique de l'annexe*

La présente loi portant statut des magistrats congolais comporte enfin une annexe relative à l'ordre hiérarchique des grades des magistrats. Le renvoi à cette annexe trouve pour base légale l'article 17.[44] Il fait donc l'ombre d'aucun doute que l'annexe dont question a la même valeur juridique que le texte lui-même. Elle n'a pas une simple valeur indicative.

Une modification de cette annexe est intervenue en 2015 afin de prendre en compte la situation des magistrats du tribunal pour enfant. Ce qui se justifie par rapport à la postériorité de la loi n° 09/001 portant protection de l'enfant.

c.2. *Ordre hiérarchique des grades des magistrats.*

Catégorie1.

[44] Article 17 al 1 de la loi organique portant statut des magistrats qui dispose : « L'ordre hiérarchique des grades est fixé au tableau annexé à la présente loi ». Selon l'angle d'approche du Guide, « les annexes aux lois ne revêtent de portée juridique que lorsqu'elles constituent en réalité l'objet même de la loi(ainsi que des codes annexés aux lois ou ordonnances de codification) ou lorsqu'elles précisent des dispositions contenues, dans le corps de la loi et qui leur font renvoi, comme c'est le cas des états annexés à la loi des finances. Koubi (G), Guide de légistique (Légifrance) IV (et fin). Annexes aux textes. In portail Légifrance

1. Premier Président de la Cour de cassation ;
2. Procureur Général près la Cour de cassation ;
3. Premier Président du Conseil d'Etat ;
4. Procureur Général près le Conseil d'Etat.

Catégorie 2

1. Président de la Cour de cassation ;
2. Premier Avocat général près la Cour de cassation ;
3. Président du Conseil d'Etat ;
4. Premier Avocat général près le Conseil d'Etat.

Catégorie 3

1. Conseiller à la Cour de cassation ;
2. Avocat général près la Cour de cassation ;
3. Conseiller au Conseil d'Etat ;
4. Avocat général près le Conseil d'Etat.

Catégorie 4

1. Premier Président de la Cour d'appel ;
2. Procureur général près la Cour d'appel ;
3. Premier Président de la Cour administrative d'appel ;
4. Procureur général près la Cour administrative d'appel.

Catégorie 5

1. Président de la Cour d'appel ;
2. Avocat général près la Cour d'appel ;
3. Président de la Cour administrative d'appel ;
4. Avocat général près la Cour administrative d'appel.

Catégorie 6

1. Conseiller à la Cour d'appel ;
2. Substitut du Procureur général près la Cour d'appel ;
3. Conseiller à la Cour administrative d'appel ;

4. Substitut du Procureur général près la Cour administrative d'appel.

Catégorie 7

1. Président du tribunal de grande instance ;
2. Procureur de la République ;
3. Président du tribunal de travail ;
4. Président du tribunal de commerce ;
5. Président du tribunal pour enfant.

Catégorie 8

1. Juge du tribunal de grande instance ;
2. Premier substitut du Procureur de la République ;
3. Juge du tribunal de travail ;
4. Juge du tribunal de commerce ;
5. Juge du tribunal pour enfant.
6. Président du tribunal de paix.

Catégorie 9

1. Juge du tribunal de paix ;
2. Substitut du Procureur de la République.

Etant fixé sur la portée du statut des magistrats congolais de l'ordre judiciaire et administratif, il s'avère important de jeter rapidement un regard sur les autres catégories des magistrats.

SECTION 2. L'EXAMEN DE CATÉGORIES PARTICULIÈRES DES AUTRES MAGISTRATS.

Les dispositions particulières de la loi portant statut des magistrats telle que modifiée à ce jour indiquent les personnes auxquelles la loi entend de se faire appliquer. Au sens de ladite loi ne sont pas des magistrats par ricochet exclus du champ d'application du statut des magistrats sus-évoqué :

- les juges consulaires des tribunaux de commerce,
- les juges assesseurs des tribunaux de travail ;
- et les juges assesseurs des tribunaux de paix.[45]

Les membres de la Cour constitutionnelle et les magistrats de la Cour des comptes sont régis quant à eux par des textes particuliers.

§1. Les membres de la Cour constitutionnelle

Aux termes de l'article 149 de la Constitution de la République démocratique du Congo telle que modifiée à ce jour, la Cour constitutionnelle figure parmi les institutions du pouvoir judiciaire.

En effet, la justice constitutionnelle caractérise notre siècle marqué par le phénomène de constitutionnalité de l'ensemble de l'ordre juridique. Les paradigmes de l'activité juridique et politique ont tendance à se joindre. Dans ce contexte, la Cour constitutionnelle congolaise passe pour le rempart eu égard à la protection des droits fondamentaux et des libertés publiques.[46]

Cette juridiction comprend neuf membres nommés par le Président de la République dont trois sur sa propre initiative, trois désignés par le Parlement réunis en congrès et trois désignés par le Conseil supérieur de la magistrature. Les deux tiers des membres de la Cour Constitutionnelle doivent être des juristes provenant de la magistrature, du barreau ou de l'enseignement universitaire. Nul ne peut être nommé membre de la Cour constitutionnelle s'il ne justifie d'une expérience éprouvée de quinze ans dans les domaines juridiques ou politiques.[47]

Le régime disciplinaire des membres de la Cour constitutionnelle et les magistrats du parquet près cette cour est organisé par les articles 23 à 39 de l'ordonnance n°16/070 du 22 août 2016 portant

[45] Article 86 de la loi organique portant statut des magistrats telle que modifiée à ce jour.

[46] Muganza Muyumba., *L'exception d'inconstitutionnalité des lois en droit positif congolais*, Ed Malaika, Kinshasa, 2016 p.151.

[47] Article 159 de la Constitution du 18 février 2006 de la RDC.

dispositions relatives au statut particulier des membres de la Cour constitutionnelle.

Ainsi, en vertu de l'article 25 de l'ordonnance pré-rappelée, le Conseil de discipline est institué afin de juger, en premier et dernier ressort, les membres de la Cour constitutionnelle, les magistrats du Parquet près cette cour et les conseillers référendaires pour la faute disciplinaire commise par chacun d'eux.

Les peines de blâme, de retenue pécuniaire, de suspension et de démission d'office sont prononcées par le Conseil de discipline.[48] La révocation, quant à elle, est prononcée par le Président de la République sur proposition de cet organe disciplinaire. Les décisions dudit Conseil, en tant que juridiction administrative spécialisée, sont susceptibles de cassation devant le Conseil d'Etat.[49]

Remarques :

1. Le président de cette cour, n'est pas régi par la loi portant statut des magistrats de 2006 telle que modifiée à ce jour. Il demeure cependant président du Conseil supérieur de la magistrature, organe disciplinaire des magistrats de l'ordre judiciaire et administratif.
2. Les magistrats du parquet près la Cour constitutionnelle sont en ce qui concerne la procédure disciplinaire soumise aux prescrits de l'ordonnance sus-évoquée. Ils dérogent au régime commun de droit disciplinaire des magistrats de l'ordre judiciaire et administratif.

§2. Les membres de la Cour des comptes

La Cour des comptes est l'institution supérieure de contrôle des finances publiques et des biens publics en République démocratique du Congo. Elle est une juridiction financière ayant compétence sur

---

[48] Article 29 de l'Ordonnance n° 16/070 du 22 août 2016 portant dispositions relatives au statut particulier des membres de la Cour constitutionnelle.

[49] Botakile Batanga, *Précis du Contentieux administratif congolais*, tome 2, 1er éd, Louvain-la-Neuve, 2017, p38.

toute l'étendue du territoire national. Elle comprend un siège et un parquet. Elle relève de l'Assemblée nationale.[50]

Les magistrats de ladite Cour sont recrutés sur concours au grade de conseiller de 2ième classe tel que prévu au règlement particulier portant ordre hiérarchique des grades des magistrats de la Cour de compte.[51] Par rapport à leur qualification, ils doivent être titulaires d'un diplôme de maîtrise ou équivalent ou de doctorat en droit, en sciences économiques, commerciales ou financières ou en sciences administratives.

Ils sont soumis à un régime disciplinaire particulier différent de celui de leurs collègues de l'ordre judiciaire et administratif. La procédure disciplinaire de ces magistrats de la Cour des comptes est consacrée par les articles 245 à 262 de la Loi organique n° 18/024 du 13 novembre 2018 portant composition, organisation et fonctionnement de la Cour de compte.

Le pouvoir disciplinaire est exercé par la chambre du conseil, laquelle est saisie soit par le Premier président de la cour ou le Procureur général près cette juridiction. Outre les avertissements que peut donner le Premier président de cette cour et le Procureur général pour les magistrats placés respectivement sous leur autorité en dehors de toute action disciplinaire, les sanctions applicables aux magistrats de la Cour des comptes sont :

- le blâme,
- la retenue d'un tiers du traitement d'un mois,
- l'exclusion temporaire avec une durée ne dépassant pas trois mois avec privation de la rémunération, à l'exception des avantages sociaux,
- et la révocation.[52]

Le magistrat qui a subi l'une des sanctions prévues plus précisément celle reprise aux points 2 et 3 citées ci-haut est exclue de

---

[50] Article 3 de la loi organique n° 18/024 du 13 novembre 2018 portant composition, organisation et fonctionnement de la Cour de compte.

[51] Article 189 de la LOCOFCC.

[52] Article 247 de la LOCOFCC.

la promotion en cours. Toutefois quelle que soit la sanction prononcée le magistrat condamné peut relever appel de la décision de la chambre du conseil devant l'assemblée générale du Conseil supérieur de la Cour des comptes.[53]

§3.Les juges assesseurs ou consulaires

Juges-assesseurs dans l'ordre judiciaire congolais. Au sens du droit judiciaire congolais, par juges-assesseurs, on entend les juges exerçant une activité juridictionnelle à qualité de consultant ou expert, qui n'appartiennent pas au corps professionnel des magistrats judiciaires et qui forment, autour d'un juge assumant la fonction de président, les cours dont les lois d'organisation judiciaire prévoient qu'elles sont constituées de plusieurs magistrats du siège.

Ils ne sont pas typiquement les membres de corps des magistrats de l'ordre judiciaire et administratif. Les lois d'organisation judiciaire prévoient leur présence dans la composition pour des matières spécifiques ou dans des cas bien précis. Et ces lois d'organisation judiciaire qui leur sont applicables fixent leur statut en général.

La qualité des juges-assesseurs doit ainsi être examinée dans chaque cas d'espèce, au regard des dispositions d'organisation judiciaire applicables.

Les juges visés sont :

- les juges consulaires des tribunaux de commerce ;
- les juges assesseurs des tribunaux de travail ;
- les juges assesseurs des tribunaux de paix ;
- Les juges assesseurs de juridiction justice militaire.

La loi n° 002/2001 du 03 juillet 2001 portant création, organisation et fonctionnement des tribunaux de commerce, la loi n°016-2002 portant création, organisation et fonctionnement des tribunaux de travail, la loi organique n°13/011-B du 11 avril 2013 portant organisation, fonctionnement et compétences des juridictions de

[53] Article 258 de la LOCOFCC.

l'ordre judiciaire et la loi n°023-2002 du 18 novembre 2002 portant Code judiciaire militaire fixent respectivement leur statut.

A. Les juges consulaires.

Le tribunal de commerce est une juridiction spécialisée. Lorsqu'il siège au premier degré, il est composé des juges permanents qui sont des magistrats de carrière et des juges consulaires[54].

Les juges consulaires sont élus, pour une durée de deux ans pour le premier mandat et quatre ans pour les mandats suivants, par le collège électoral composé de délégués consulaires désignés par les organisations professionnelles légalement reconnues et représentatives du commerce et de l'industrie. Ils proviennent essentiellement de la Fédération des entreprises du Congo[55].

Une fois élu par le collège électoral à la majorité relative des voix, un arrêté du ministre national de la justice entérine cette élection.

Pour être éligibles aux fonctions de juge consulaire, il faut remplir les conditions [56]suivantes :

- Etre de nationalité congolaise ;
- Etre âgé de trente au moins et de soixante au plus ;
- Avoir pendant cinq ans au moins, honorablement exercé le commerce ou participé soit à la gestion d'une société commerciale de droit congolais, en ce compris les associés et les administrateurs actifs ou gérants des sociétés à responsabilité limitée, soit à la direction d'une organisation professionnelle ou interprofessionnelle représentative du commerce et de l'industrie ainsi que les cadres

[54] Article 2 de la loi 002-2001 portant création, organisation et fonctionnement des tribunaux de commerce. (J.O. RDC., n° 14, 15 juillet 2001. P.4)

[55] Fédération des entreprises du Congo(FEC). Elle est à la fois la Chambre de commerce et la principale organisation patronale de la République Démocratique du Congo. Ancienne Association nationale des entreprises du Zaïre (ANEZA), elle fut créée en 1972 de la fusion de la Fédération des Associations provinciales des entreprises du Zaïre (FERZA), la Fédération Nationale des Chambres de Commerce, de l'industrie et d'Agriculture(FNCCIA) et l'Association pour la promotion et le Défense des intérêts des commerçants congolais (APRODECO)

[56] Article 9 de la loi sur le tribunal de commerce.

supérieurs et conseils juridiques des sociétés ou chambres de commerce ;

Avant d'entrer en fonction, le juge consulaire prête le serment suivant : « *Je jure de remplir fidèlement les fonctions qui me sont confiées, de garder le secret des délibérations et de me conduire en tout comme un juge digne et loyal.* » [57]

Le mandat du juge consulaire donne droit à des jetons de présence à charge de son organisation professionnelle, conformément aux modalités arrêtes par le collège électoral.

Les fonctions du juge consulaire prennent fin par[58] :

- L'expiration du mandat ;
- La démission ;
- La déchéance ;
- L'empêchement ;
- Le décès.

Remarque:

Tout en les écartant du corps professionnel des magistrats de carrière, les juges consulaires des tribunaux de commerce sont en revanche régis à ce jour quant à leur régime disciplinaire par le statut des magistrats. L'application de la procédure disciplinaire à leur égard suscite des questionnements sur le plan du droit dès lors qu'ils ne sont pas magistrats.

Il y a nécessité à notre sens de spécifier les cas pour lesquels ces juges consulaires pourraient engager leur responsabilité disciplinaire au même titre que les magistrats de carrière.

B. Les juges-assesseurs des tribunaux de travail.

L'article 3 de la loi n°016-2002 portant création, organisation et fonctionnement des tribunaux du travail dispose que le tribunal du travail est composé d'un président, des juges et des juges-assesseurs.

---

[57].Article 3 de la loi n°016-2002 portant création, organisation et fonctionnement des tribunaux du travail

[58] Article 11 de la loi portant création, organisation et fonctionnement des tribunaux de commerce.

En effet, les juges-assesseurs sont désignés pour un mandat de deux ans par le ministre de travail et prévoyances sociales sur base des listes proposées par les organisations professionnelles des employeurs et des travailleurs.

Avant d'entrer en fonction le juge-assesseur prête devant le président de la juridiction dont il relève le serment suivant : « *Devant Dieu et la Nation, je jure de remplir mes fonctions avec loyauté et intégrité et de garder le secret de délibérés.*» [59]

Les fonctions de juge-assesseur cessent par :

- L'expiration du mandat ;
- La démission ;
- La déchéance ;
- L'empêchement ;
- Les incompatibilités ;
- Le décès.

La loi organique est muette quant au régime disciplinaire susceptible de leur être appliquer pourtant ces juges participent à la prise des décisions judicaires. Dans la pratique, il revient au chef de juridiction et au ministre de travail d'exercer le pouvoir disciplinaire à l'encontre de ces juges. Reste à déterminer alors l'efficacité de pareille procédure disciplinaire.

C. Les juges-assesseurs des tribunaux de paix.

La loi organique n°13/011-B du 11 avril 2013 portant organisation, fonctionnement et compétences des juridictions de l'ordre judiciaire prévoit la possibilité de l'intervention des juges-assesseurs pour faire partie de la composition de cette juridiction.

Ces juges-assesseurs sont affectés auprès des tribunaux de paix. Ils y siègent en qualité des consultants lorsqu'ils font application de la coutume locale.

---

[59] Article 5 de la loi portant création et organisation des tribunaux du travail.

Ils sont choisis parmi les notables du ressort du tribunal. Ils sont désignés et, le cas échéant, relevés de leurs fonctions par le Président de la juridiction.

Le notable ainsi désigné prête, devant le président, le serment : « *Je jure de respecter la Constitution et les lois de la République démocratique du Congo et de remplir loyalement et fidèlement, avec honneur et dignité, les fonctions qui me sont confiées.* »[60]

Leur régime disciplinaire n'est pas fixé par cette loi organique. Donc, il appartient au chef de juridiction d'exercer cette compétence disciplinaire sur ces juges assesseurs placés sous son autorité.

D. Les juges-assesseurs de la justice militaire.

Les juridictions militaires en RDC ont vu jour avec la création de la Force publique, sous le décret du 22 décembre 1888 reconnaissant aux conseils de guerre la compétence personnelle.

En date du 08 mai 1958, le droit pénal militaire a subi la première réforme sous le décret-loi du 08 mai 1958, lequel avait privilégié la compétence matérielle. Cette réforme n'était pas la bienvenue pour la discipline au sein des Forces armées au regard des rebellions et sécessions de l'époque. Le législateur était revenu sur la compétence personnelle des juridictions militaires consacrée par le décret du 18 décembre 1964 portant code provisoire de justice militaire.

Par l'ordonnance-loi n° 72/060 du 25 septembre 1972, la justice militaire sera dotée du code définitif et ce, pour combler les lacunes que comportait le code provisoire précité.

Ce code de 1872 définissait les règles d'organisation et de compétence consacrant un ensemble juridictionnel complet appelé conseil de guerre près lequel était institué un parquet militaire. La compétence personnelle est reconduite comme critère de détermination. Le code fixait aussi les règles de procédure comportant des voies de recours ordinaires et extraordinaires et déterminant les infractions spécifiques aux forces armées.

[60] Article 10 de la loi organique de 2013 sur les juridictions de l'ordre judiciaire.

Les forces de l'AFDL après la prise de pouvoir, elles vont pour consolider leur position, faire passer un texte règlementaire sous le Décret-loi du 23 août 1997 portant création de la cour d'ordre militaire, une juridiction d'exception anéantissant l'édifice judiciaire bâti par les textes précédents, particulièrement les voies de recours tant ordinaires qu'exceptionnels.

En revanche, vu le caractère exceptionnel de ce système juridictionnel militaire institué par le décret-loi du 23 août 1997 portant création de la cour d'ordre militaire, il fut supprimé par la loi n°023/2002 du 18 novembre 2002 portant code judiciaire militaire.

Ce code judiciaire militaire congolais de 2002 va reconduire le cadre juridique du 25 septembre 1972 mais à la seule différence qu'il a introduit une nouvelle nomenclature dans l'organisation judiciaire militaire en adoptant notamment les termes des cours et tribunaux militaires à la place des conseils de guerre.

Dans la composition de ces juridictions militaires, outre les magistrats de carrière, le siège des juridictions militaires est complété par les juges-assesseurs, désignés au sort avec leurs suppléants pour une session de trois ans parmi les officiers des forces armées et des corps assimilés.

Au début de la première audience à laquelle ils sont appelés à siéger, et sur réquisition du ministère public, les membres non revêtus de la qualité de magistrat(juges assesseurs) prêtent serment suivant : « *Nous jurons devant Dieu et la Nation de remplir loyalement nos fonctions de président et membres de cette juridiction, d'en garder le secret des délibérations et de juger les personnes traduites devant nous sans haine, sans crainte, sans complaisance, avec la seule volonté d'exécuter la loi.* »[61]

Le code judiciaire militaire ne détermine pas le régime disciplinaire des juges assesseurs militaires. Autrement, c'est la procédure disciplinaire ordinaire des éléments des FARDC qui leur sera d'application.

[61] Article 27 du Code de justice militaire.

De tout ce qui précède, les juges assesseurs, s'ils ne sont pas considérés comme des magistrats du siège dans l'ordre juridique interne congolais, peuvent néanmoins se voir appliquer tout ou partie des dispositions régissant les magistrats du siège. En ce sens, ils sont en relation avec les fonctions juridictionnelles qu'ils exercent dans ces juridictions et sont partiellement assimilés aux magistrats du siège dudit ordre sans pourtant être régis par le statut des magistrats.

CHAPITRE 2.

L'ARCHITECTURE INSTITUTIONNELLE DE GESTION DU CORPS PROFESSIONNEL DES MAGISTRATS DE L'ORDRE JUDICIAIRE ET ADMINISTRATIF EN RDC

Pour garantir l'indépendance du pouvoir judiciaire, la constitution congolaise a mis en place un organe, auquel elle a doté du pouvoir de gestion et de l'autorité de surveillance disciplinaire des comportements des magistrats.

Les attributions dudit organe sont exercées conformément aux prescrits de la constitution et de la loi organique portant sa création ainsi que son fonctionnement. Il sied de signaler également que le ministre national de la justice et garde de sceaux intervient dans certains cas dans le secteur judiciaire et ce, sans enfreindre les prérogatives constitutionnelles reconnues au Conseil supérieur de la magistrature.

Cependant, depuis le dernier amendement de la constitution, plus précisément, à son article 149, les rapports entre les deux structures suscitent le questionnement en considération du statut actuel des magistrats du ministère public.

SECTION 1. LE CONSEIL SUPERIEUR DE LA MAGISTRATURE CONGOLAIS

Le principe de l'indépendance de la justice tel que garanti par les instruments internationaux et régionaux de promotion et de protection des droits de l'homme est un élément essentiel de l'établissement d'un Etat de droit. Seule l'indépendance de la justice à l'égard des pouvoirs exécutif et législatif peut garantir son impartialité dans l'application des normes de droit et assurer aux citoyens le respect de leurs droits.[62]

En vue de garantir et de renforcer cette indépendance judiciaire, la plupart des pays de tradition juridique de code civil en Europe, en Amérique latine, en Afrique, en Asie et au Moyen-Orient ont mis en place une institution dont le rôle est de garantir l'indépendance du pouvoir judiciaire. Cette instance, qui peut avoir des dénominations diverses et qui sera appelée ici « Conseil supérieur de la magistrature ou Conseil[63], est un organe indépendant des pouvoirs législatif et exécutif, chargé essentiellement des décisions clés en matière de carrière judiciaire et d'administration des cours et tribunaux.

Le Conseil supérieur de la magistrature est donc un organe collégial des décisions et de régulation du pouvoir judiciaire. A ce titre, il joue double rôle : la gestion du pouvoir judiciaire et l'autorité disciplinaire des magistrats de l'ordre judiciaire et administratif.

La RDC n'est pas mise en marge dans cette démarche de renforcement de l'indépendance du pouvoir judiciaire. Sa volonté de concrétiser cette réalité est manifestée par la consécration constitutionnelle d'un organe dont l'organisation et le fonctionnement est indépendant des pouvoirs exécutif et législatif.

§1. Existence constitutionnelle du Conseil supérieur de la magistrature.

A. Assiette de la matière.

Le Conseil supérieur de la magistrature trouve le fondement de son existence à l'article 152 de la Constitution.

---

[62] Fédération Internationale des ligues des droits de l'homme (Fidh). , Les Conseils supérieurs de la magistrature : Quelles réformes pour un pouvoir judiciaire indépendant ? Les exemples de l'Egypte, la Jordanie, le Liban, le Maroc et la Palestine, Ed FIDH, Paris, 2009 p 5.

[63]Cette institution est ainsi appelée « Conseil supérieur de la magistrature » (al majilis al a'la lil qada) dans tous les pays concernés par cette étude à l'exception de la Jordanie où cette institution est dénommée « Conseil judiciaire (al majilis al qada'l). Commentaire de l'étude supra. V.Fidh.

Par ailleurs son organisation, son fonctionnement et ses compétences sont déterminées par la Loi organique n° 08/013 du 05 août 2008 portant organisation et fonctionnement du Conseil supérieur de la magistrature.[64]

B. Evolution historique : Rapport entre le conseil judiciaire et conseil supérieur de la magistrature

Pour rappel le Conseil supérieur de la magistrature a connu des réformes successives quant à son organisation et fonctionnement. En effet, avant l'entrée en vigueur de la récente loi organique de 2008, cette structure a fonctionné sur base de plusieurs textes notamment l'ordonnance n° 87-394 du 18 décembre 1987 qui constituait son cadre légal à l'époque du Zaïre. Cette période est importante dans la mesure où il y avait coexistence de deux organes dont l'un détenait plus de pouvoir sur l'autre. Il s'agit du Conseil judiciaire[65], cet organe atypique lequel influençait essentiellement le fonctionnement du Conseil supérieur de la magistrature.

Cette ordonnance de 1987 relative à l'organisation et au fonctionnement du Conseil supérieur de la magistrature était prise en se fondant à l'article 45 de la constitution révisée de 1967, la loi n°86-006 du 23 novembre 1986 portant organisation et fonctionnement du Conseil judiciaire, spécialement en ses articles 10 et 11 ainsi que l'ordonnance n°87-215 du 23 juin 1987 portant création de l'Inspectorat général des services du Conseil judiciaire.

---

[64] Loi organique ° 08/013 du 05 août 2008 portant organisation et fonctionnement du Conseil supérieur de la magistrature, journal officiel de la RDC, Cabinet du Président de la République, Kinshasa, 11août 2008, numero spécial.

[65] Le conseil judiciaire est créé dans le but de renforcement de l'unité de commandement et harmonie de l'administration de la justice et ce, à l'époque du Président Mobutu. Il est placé sous son autorité. Il est dirigé par le commissaire d'Etat à la justice. Les structures du Conseil judiciaire sont : le Bureau, le Conseil supérieur de la magistrature et l'Assemblée générale. Ici le Conseil supérieur de la magistrature est un organe de ce conseil judiciaire. V. la loi n°86-006 du 23 novembre 1986 portant organisation et fonctionnement du Conseil judiciaire, journal officiel de la République du Zaïre, n° 23 du 1 décembre 1986.

L'ordonnance de 1987 sus-évoquée, contrairement à la loi organique n° 08/013 du 05 août 2008 portant organisation et fonctionnement du Conseil supérieur de la magistrature, se présentait comme un texte fort sommaire, en ce qu'il n'est constitué que de quelques treize articles, ne reprenant que ce que l'on peut qualifier des règles essentielles et indispensables à la structuration organico-fonctionnelle du Conseil Supérieur de la Magistrature au Zaïre souligne Monsieur Mutonwa Kalombe[66].

Ce texte qui comprenait que cinq chapitres, poursuit Monsieur Mutonwa Kalombe, articulait les attributions du Conseil essentiellement à l'aspect disciplinaire et consultatif, pour ce dernier lorsqu'il s'agissait de nomination et de promotion des magistrats. La gestion du pouvoir judiciaire étant abordée que de façon sommaire.

Ceci était la conséquence d'une gestion véritable du pouvoir judiciaire qui relevait de la compétence de l'organe atypique que l'on appelait « conseil judiciaire » dont l'organisation et le fonctionnement faisaient l'objet de la loi n°86-006 du 23 novembre 1986.

La particularité de ce conseil supérieur de la magistrature tenait de ceci que des membres des autres institutions, notamment l'exécutif, en faisait eux aussi partie, au rebours du principe même de l'indépendance du pouvoir judiciaire. C'est donc en cela que viennent s'expliquer les dispositions du code d'organisation et de compétence judiciaire, lesquels faisaient du ministre alors commissaire d'Etat-ayant la justice dans ses attributions, le chef hiérarchique, à bien des égards des magistrats.

En matière disciplinaire, ce conseil supérieur de la magistrature lorsqu'il siégeait en tant que juridiction disciplinaire tels que prévus par les articles 2 et 3 de l'ordonnance de 1987, il était composé d'au moins de trois membres. Lorsque, par exemple, c'est le Président de la Cour suprême de justice ou le procureur général de la République était mis en cause, le conseil supérieur de la magistrature est composé du

[66] Mutonwa Kalombe (J- M P)., De l'organisation, du fonctionnement et des compétences du Conseil supérieur de la magistrature en République Démocratique du Congo. in *www.hamann-légal.cd* p.10.

Président du conseil judiciaire ou de son remplaçant et des autres membres du bureau du conseil Judiciaire[67].

Le conseil judiciaire apparait comme un organe puissant, au Conseil supérieur de magistrature. L'analyse des dispositions également de cette ordonnance de 1987 nous ramener à s'interroger si le Premier président de la Cour suprême de justice pouvait être le Président du conseil judiciaire d'une part et d'autre part, si le Président du conseil Judiciaire pouvait être un magistrat étant donné qu'aucune disposition d'ordre disciplinaire ne s'applique explicitement à son encontre dans le cadre des attributions du Conseil supérieur de la magistrature ?

S'agissant du fonctionnement dudit conseil, il est en application de l'article 4, présidé par le président du conseil judicaire ou de son remplaçant et siège valablement en n'importe quel lieu de la République. Il se réunit sur convocation de son président, les convocations étant envoyées quinze jours avant la réunion et indiquant le lieu et l'ordre du jour de la réunion. Il dispose de ce fait d'un secrétariat permanent dont la nature instable découle de ce que son organisation et son fonctionnement sont déterminées par le président du Conseil judiciaire en conformité avec l'article 5 de l'ordonnance de 1987.[68]

Quant à la procédure disciplinaire et aux compétences stricto sensu de ce Conseil supérieur de la magistrature, elles sont prévues par les dispositions du statut des magistrats relatives au régime disciplinaire. Celui-ci statue, en vertu de l'article 11, en premier et dernier ressort.

Notons que cette ordonnance du 18 décembre 1987 venait d'abroger celle n° 83-127 du 23 mai 1983 portant organisation et fonctionnement du Conseil supérieur de la magistrature en République du Zaïre avant d'être elle-même abrogée par la loi n°08/013 du 05 août 2008.

En substance, la Constitution congolaise du 18 février 2006 telle que modifiée à ce jour a apporté une modification profonde dans

---

[67] Article 2 de l'Ordonnance n° 87-394 du 18 décembre 1987.

[68] Mutonwa Kalombe (J- M P). , *art.cit.*, p 12

l'organisation du pouvoir judiciaire. A son article 149, elle proclame d'indépendance du pouvoir judicaire par rapport aux pouvoirs législatif et exécutif. Cette proclamation constitutionnelle constitue une garantie de séparation des pouvoirs, principe fondamental dans une société démocratique.

Cette indépendance du pouvoir judiciaire est dorénavant assortie des mécanismes constitutionnels qui servent de contrepoids à l'exercice de chaque pouvoir et sa mise en œuvre est assurée par le Conseil supérieur de la magistrature.

Une loi organique sera promulguée dans ce sens en 2008 afin de fixer le régime juridique du Conseil supérieur de la magistrature désormais se conformant à l'ordre constitutionnel nouvel.

L'examen de cette loi permet de saisir l'organisation et le fonctionnement du Conseil supérieur de la magistrature partant de ses attributions relatives à la gestion du pouvoir judiciaire et au contrôle disciplinaire des comportements des magistrats en qualité de juridiction disciplinaire.

§2. De la composition, des structures et des attributions du conseil supérieur de la magistrature

L'article 4 de la loi organique n°08/013 du 05 août 2008 portant organisation et fonctionnement du Conseil supérieur de la magistrature commence par citer l'article 152, alinéa 2 de la Constitution pour fixer la composition dudit organe. Ensuite, à travers ses structures, il est possible de saisir les attributions rentrant dans la gestion des magistrats comme membres exclusifs du pouvoir judiciaire.

A. De la composition[69]

Aux termes de l'article 152 de la constitution, tel que repris par l'article 4 de la loi précitée, le Conseil supérieur de la magistrature est composé de :
- Président de la Cour constitutionnelle ;
- Procureur général près la Cour constitutionnelle ;
- Premier président de la Cour de cassation ;
- Procureur général près la Cour de cassation ;
- Premier président du Conseil d'Etat ;
- Procureur général près le Conseil d'Etat ;
- Premier président de la Haute cour militaire ;
- Auditeur général près la Haute cour militaire ;
- Premiers présidents des Cours d'Appel ;
- Procureurs généraux près les Cours d'Appel
- Premiers présidents des Cours administratives Appel ;
- Procureurs généraux près les Cours administratives d'Appel ;
- Premiers présidents des Cours militaires ;
- Auditeurs militaires supérieurs ;
- Deux magistrats de siège par ressort de Cour d'appel, élus par l'ensemble des magistrats du ressort pour un mandat de trois ans ;
- Deux magistrats du parquet par ressort de Cour d'appel, élus par l'ensemble des magistrats du ressort pour un mandat de trois ans ;
- Un magistrat de siège par ressort de Cour militaire ;
- Un magistrat de parquet par ressort de Cour militaire.

De l'analyse de cette composition, il ressort que tout magistrat de l'ordre judiciaire et administratif n'est pas membre du Conseil supérieur de la magistrature. Les membres de cet organe sont de trois catégories, à savoir :
- les membres de droit ;
- les membres élus ;

[69] Cette composition des membres du Conseil supérieur de la magistrature découle de la constitution de 2006. L'article 4 de la loi organique sur le CSM a repris cette disposition constitutionnelle dans les mêmes termes.

- et les membres désignés.

La distinction en termes de catégorisation de ces membres n'apparait qu'explicitement à l'article 8 du Règlement intérieur du Conseil supérieur de la magistrature et ce[70], sans réellement définir le contenu qu'il entend donner à chaque type de membre.

La combinaison des articles 63 et 78 du Règlement précité fait penser plutôt au mode du recrutement des membres du Conseil et de la nature du rang des juridictions et offices comme critères distinctifs.

Ainsi, les membres de droit sont d'office désignés par la Constitution tels que repris par l'article 4 de la loi organique sur le CSM en considération de leur fonction et grade auprès des juridictions et offices supérieurs. Ils sont tous des chefs de corps et jouissent des pouvoirs exorbitants dans la prise de décisions du moins dans la pratique.

Cela se justifie par la nature caporaliste du corps professionnel des magistrats en RDC. Par contre pour les autres membres, ils sont soit élus conformément à la procédure des élections lorsqu'il s'agit des magistrats civils de juridictions et offices inferieurs dans le ressort d'une Cour d'appel, soit ils sont désignés par le Premier président de la Cour militaire et l'Auditeur supérieur en référence aux magistrats militaires de leur ressort, bien entendu sur base des critères fixés à l'article 73 du règlement intérieur.

Une autre observation importante résulte du fait que le Président de la Cour constitutionnelle est le Président du Conseil supérieur de la magistrature. Il n'est pas soumis lui-même au statut des magistrats qui définit les règles régissant la profession des magistrats de l'ordre judiciaire et administratif. Sa présence dénote une sorte de l'ombre de la mainmise de l'exécutif et de législatif surtout quand l'on se

[70]Article 8 du Règlement intérieur de la magistrature spécifie au dernier point de premier alinéa, les catégories des membres qui composent l'Assemblée Générale. En rappelant l'article 152 de la constitution, l'article 4 de la loi organique portant organisation et fonctionnement du Conseil supérieur de la magistrature et l'article 3 du Règlement intérieur dispose qu'il s'agit des membres de droit, des membres élus et des membres désignés.

place dans le contexte de sa désignation qui se joue au niveau hautement politique.

Le mode de recrutement des membres du Conseil supérieur de la magistrature affecte donc considérablement son indépendance. Conformément aux standards internationaux relatifs aux garanties d'indépendance des magistrats, il importe d'insister sur le fait qu'un Conseil supérieur de la magistrature indépendant est en général composé d'une majorité des magistrats élus par leurs pairs. Il joue un rôle clé dans la nomination, la gestion de carrière et la discipline des magistrats. Il dispose d'une autonomie financière et détermine le budget du pouvoir judiciaire. Il est également chargé de la gestion de l'appareil judiciaire.[71]

B. Des structures et du fonctionnement[72]

Les structures du Conseil supérieur de la magistrature sont prévues par l'article 5 de la loi organique relative à son organisation et fonctionnement :

- L'assemblée générale ;
- Le bureau ;
- Les chambres disciplinaires ;
- Le secrétariat permanent.

b.1.L'Assemblée générale.

Les attributions et le fonctionnement de l'assemblée générale font l'objet des articles 6 à 13 de la loi organique portant organisation et fonctionnement du Conseil supérieur de la magistrature. C'est un

---

[71] Les participants au séminaire sur le cadre normatif relatif aux conseils supérieurs de la magistrature qui ont mené les études sur le système Egyptien, jordanien, libanais, marocain et les territoires palestiniens ont identité les principaux critères de l'indépendance de tout Conseil supérieur de la magistrature. C'est à l'aune de ces critères que sera évalué le niveau de l'indépendance des conseils supérieurs de la magistrature des Etats. V. Rapport FIDH supra. Pp 1-56.

[72] Article 5 de la loi organique portant organisation et fonctionnement du Conseil supérieur de la magistrature.

organe d'orientation des décisions du CSM dans les matières relevant de sa compétence.

Elle est composée des membres énumérés à l'article 4 de la loi sus-évoquée et ses décisions sont sous forme des résolutions lesquelles s'imposent au pouvoir judiciaire.

Dans l'exercice de ses attributions, l'assemblée générale examine les dossiers des magistrats en vue de leur nomination, promotion, démission, mise à la retraite, la révocation et le cas échéant de leur réhabilitation. Ce qui est conforme à l'esprit et à la lettre de la loi organique sur le statut des magistrats dont l'article 2[73]

Les autres attributions dudit organe font l'objet des attributions des articles 8 et suivants. Et s'agissant de la tenue de ses réunions, aux termes des articles 10 et 11 de cette loi, l'assemblée générale se réunit en session ordinaire une fois l'an, au premier lundi d'avril, sur convocation de son président. La durée de la session ne peut dépasser trente jours.

Elle peut être convoquée en session extraordinaire par son Président, sur ordre du jour déterminé, à la demande, soit du bureau, soit des deux tiers de ses membres. Quant au mode de vote, l'article 13 détermine que l'Assemblée ne peut siéger valablement que lorsqu'elle réunit au moins deux tiers de ses membres, et à défaut du quorum ainsi requis, le président convoque une nouvelle réunion avec le même ordre du jour dans la huitaine. Dans ce cas, la majorité absolue des membres suffit. Les décisions sont prises à la majorité absolue des membres présents.

b.2.Du bureau.

L'organisation et le fonctionnement du bureau du Conseil supérieur de la magistrature relèvent des dispositions des articles 14 à 19 de la loi organique relative à ce conseil.

---

[73] Article 2 de la loi organique portant Statut des magistrats dispose que « tout recrutement est effectué à l'initiative du Conseil supérieur de la magistrature et requiert une publicité préalable par voie d'avis d'officiel dans tous les chefs-lieux de la Province, fixant un délai utile pour l'introduction des candidatures.

Il est composé, conformément à l'article 14 de la loi précitée de :

- Président de la Cour constitutionnelle ;
- Procureur général près la Cour constitutionnelle ;
- Premier président de la Cour de cassation ;
- Procureur général près la Cour de cassation ;
- Premier président du Conseil d'Etat ;
- Procureur général près le Conseil d'Etat ;
- Premier président de la Haute cour militaire ;
- Auditeur général près la Haute cour militaire.

L'article 15 dispose que le bureau se réunit une fois par trimestre sur convocation de son président. Il peut tenir des réunions extraordinaires, sur ordre du jour déterminé, à la convocation de son Président agissant de sa propre initiative ou à la demande du tiers de ses membres. Il peut se réunir à n'importe quel lieu du territoire national.

Quant à son fonctionnement, l'article 16 dispose que le bureau exécute les dispositions de l'article 11 qui s'appliquent mutatis mutandis au fonctionnement du bureau.

Les attributions du bureau consistent notamment à l'exécution des décisions et recommandations de l'assemblée générale. Il soumet à ses délibérations, des propositions relatives à l'organisation et fonctionnement du pouvoir judiciaire. Il élabore le projet du règlement intérieur du Conseil supérieur de la magistrature. Il prépare l'avant-projet du budget du pouvoir judiciaire. Il désigne, parmi les magistrats de carrière, membres du CSM, le secrétaire permanent, le premier secrétaire et le deuxième secrétaire rapporteur. Il donne les avis au Conseil supérieur de la magistrature en matière de recours en grâce. Il transmet les propositions de promotion. Il fait rapport à l'assemblée générale. Il dresse un rapport annuel d'activités du Conseil supérieur de la magistrature publié au journal officiel.

b.3. Chambres disciplinaires.

Le Conseil supérieur de la magistrature est la juridiction disciplinaire des magistrats. Le pouvoir disciplinaire est exercé par la

Chambre nationale et les chambres provinciales de discipline (art 21 loi organique CSM). La chambre provinciale de discipline[74] connait, au premier degré, des fautes disciplinaires mises à charge des magistrats des ressorts des Cours d'appel, des Cours administratives d'Appel, des Cours militaires et des parquets près ces juridictions. Quant à la Chambre nationale de discipline[75], elle connait, en premier et dernier ressort, des fautes disciplinaires mises à charge des magistrats de la Cour de cassation, du Conseil d'Etat, de la Haute cour militaire et de ceux des parquets près ces juridictions. Elle connait, en appel, des décisions rendues par les chambres provinciales de discipline.

b. 4. Secrétariat permanent.

Le Secrétariat permanent du Conseil supérieur de la magistrature est composé de neuf membres, dont six choisis en dehors du Conseil supérieur de la magistrature. :

- deux magistrats de l'ordre judiciaire à raison d'un magistrat du siège et d'un magistrat du parquet ;
- deux magistrats de l'ordre administratif à raison d'un magistrat du siège et d'un magistrat du parquet ;
- deux magistrats de la justice militaire à raison d'un magistrat du siège et d'un magistrat du parquet.

Les membres du Secrétariat permanent sont désignés par le Bureau en tenant compte de leur expérience et intégrité.

Il faut relever que ces magistrats ne sont, ni, même ne peuvent être considérés comme membres dudit organe (l'article 4 de la loi organique sur le CSM). Ils sont à juste titre considérés, quand bien même provenant du corps des magistrats, comme des administratifs du Secrétariat du Conseil supérieur de la magistrature. Ce qui, de toute évidence, contraste avec l'organisation du conseil supérieur de la

[74] La Chambre provinciale de discipline a pour ressort celui de la Cour d'appel. Actuellement, on compte 27 chambres provinciales de discipline qui reflètent la cartographie judicaire. Toutefois, certaines chambres provinciales disciplinaires ne sont pas encore opérationnelles au regard de la difficulté de la composition due à l'insuffisance de nombre des magistrats.

[75] La Chambre nationale de discipline a son siège à Kinshasa.

magistrature. Pourtant le Secrétariat permanent est une structure organique de même valeur normative que l'assemblée générale ainsi que le bureau.[76]

L'article 35 prévoit que le Secrétariat permanent dispose d'un personnel administratif, choisi parmi les agents de carrière des services publics de l'Etat, justifiant d'une formation professionnelle spécialisée, d'un diplôme d'études supérieures, ou universitaires et/ ou d'une expérience professionnelle d'au moins cinq ans.

Le Secrétariat permanent est dirigé par le Secrétaire permanent assisté d'un Premier secrétaire rapporteur et d'un deuxième secrétaire rapporteur (Art 33).

De l'entendement des prescrits de l'article 34 de ce même texte procède que le secrétaire permanent assiste le bureau dans l'administration du Conseil supérieur de la magistrature.

A cet effet, il a notamment pour mission de :

- gérer les dossiers des magistrats ;
- préparer les travaux des autres structures et en conserver les procès-verbaux et les archives ;
- tenir à jour le fichier général des magistrats.

Et sans préjudice des autres dispositions de la présente loi, le Secrétariat permanent assiste le premier président de la Cour de cassation dans l'ordonnancement du budget du pouvoir judicaire.

---

[76] On ne peut que s'interroger sur le statut de ces six membres du Secrétariat permanent à devoir être choisis en dehors des membres du Conseil énumérés aux articles 152 de la Constitution et 4 de la loi organique sur le CSM. En effet, l' article 5 de la loi organique portant création et organisation du Conseil supérieur de la magistrature a prévu quatre structures qui composent cet organe, à savoir : l'assemblée générale, le bureau, les chambres de discipline et le Secrétariat permanent. Le Conseil supérieur de la magistrature comprend les membres de droit, les membres élus et les membres désignés. Cependant, il est surprenant de constater que les membres du secrétariat permanent du moins la majorité sont des magistrats non membre du Conseil supérieur de la magistrature. Ce qui nous pousse à conclure à un possible rallongement de catégorie des membres du CSM.

Par ailleurs et en vertu de l'article 19, le président du Conseil supérieur de la magistrature est assisté de quatre vice-président et de trois secrétaires rapporteurs qui sont :

- Premier vice-président : le procureur général près la Cour constitutionnel ;
- Deuxième vice-président : le premier président de la Cour de cassation ;
- Troisième vice-président : Le procureur général près la Cour de cassation ;
- Quatrième vice- président : Le premier président du Conseil d'Etat ;
- Premier secrétaire Rapporteur : le procureur général du Conseil d' Etat ;
- Deuxième secrétaire rapporteur : Le premier président de la Haute cour militaire.
- Troisième Secrétaire Rapporteur : l'auditeur général près la Cour militaire.

En cas d'absence ou d'empêchement d'un membre du Bureau du Conseil supérieur de la magistrature, son intérim est assumé selon l'ordre de préséance établi l'alinéa précèdent.

§3.Particularités du régime juridique du Conseil supérieur de la magistrature congolais

Le Conseil supérieur de la magistrature en République démocratique du Congo ne comporte qu'une seule formation au sein de laquelle dépendent à la fois les magistrats du siège et ceux du parquet. A côté des magistrats civils, l'on trouve également les magistrats militaires.

Ceci marque une sorte de consécration du principe d'unicité de système de fonctionnement du Conseil supérieur de la magistrature duquel découle le caractère de mixage et de croisement de leurs membres.

Un autre fait patent est celui de la présence à la tête du Conseil supérieur de la magistrature, d'un président de la Cour constitutionnelle qui ne dépend pas du tout de statut des magistrats de l'ordre judiciaire et administratif pourtant il dispose des prérogatives essentielles de commissionnement des magistrats et de discipline de ces magistrats

La majorité des membres du Conseil supérieur de la magistrature sont de chefs de corps des juridictions et offices supérieurs. Cela trouve certaines explications par le fait que la magistrature congolaise apparait très fermée, corporatiste, hiérarchisée, peu sensible à l'idée de l'indépendance comme prérogative de chacun. Il ne va pas sans conséquence lors de débat au niveau de plénière de l'assemblée générale. En Italie cette attitude a soulevé les préoccupations de ceux qui craignaient une magistrature figée sur une *turris ebunrnea*, éloignée de l'esprit ouvert de la Constitution[77].

En *grosso modo* le Conseil supérieur de la magistrature a un grand rôle à jouer dans la lutte pour l'indépendance du pouvoir judiciaire en République Démocratique du Congo. C'est lui, en principe, qui doit en être le garant, en exerçant ses compétences du pouvoir judiciaire, en encourageant les magistrats à n'obéir qu' à la loi et les défendant, le cas échéant, contre les mesures de rétorsion que pourrait adopter l'exécutif qui a le commandement de l'armée et de la police, toujours prêtes à torturer au lieu de défendre le territoire congolais et protéger les biens de la population.

Il doit donc être un organe qui, en quelque sorte, fait le lien entre le statut de fonctionnaire public des magistrats et les fonctions particulières qu'ils exercent, caractérisées par leur soumission à la loi seule, afin d'exclure tout intermédiaire hiérarchique qu'il s'agisse de l'exécutif des chefs de juridiction (ou bien même du Conseil supérieur de la magistrature) entre le juge et la loi à appliquer. Cet organe spécial doit concrétiser les principes juridiques et n'ayant pas seulement valeur d'affirmation idéologique d'autonomie et d'indépendance du pouvoir judiciaire à l'égard de tous les autres

---

[77] Giuliana Civinini (M). , « Le modèle italien d'administration de la justice », *In Revue Française d'administration publique*, 2008 /1 (n° 125) pp 85-91

pouvoirs[78], en l'occurrence le pouvoir exécutif dont émane le ministre de la justice et garde de sceaux.

SECTION 2. LE MINISTRE NATIONAL DE LA JUSTICE ET GARDE DE SCEAUX.

Le ministre national de la justice est un acteur aussi important dans le système d'administration de la justice congolaise. Il est à la tête du ministère de la justice, qui est une administration centrale chargée de la gestion du service public de la justice.

Il peut porter le titre de « *garde des sceaux* »[79], appellation qui, en France, remonte à l'Ancien régime et depuis 1848. Il n'exerce aucune fonction juridictionnelle. Il n'est pas un magistrat mais un personnel politico-administratif.

Sous ce titre, on situera d'abord le cadre juridique des attributions du ministre national de la justice et garde des sceaux. Ensuite sera proposée la nécessité de définir au niveau législatif la répartition des compétences entre le Conseil supérieur de la magistrature et le ministre de la justice dans le domaine du pouvoir judiciaire.

§1. Cadre juridique des attributions du Ministre national de la justice

En République démocratique du Congo comme dans tous les autres pays, le ministère de la justice figure parmi les ministères de la

---

[78]Proto Pisani (A)., « Brevi note sui conati di riforma dell'ordinamento giudiziario », F oro italiano, 2002, V, 218. Cet auteur aborde la notion d' 'autogouvernement en s'appuyant sur les fondements constitutionnels de l'autogouvernement de la magistrature.

[79]Garde des Sceaux est une expression qui en France désigne le ministre de la justice. Cette appellation vient de ce que dans les lois et les usages de la monarchie française le Chancelier, était l'officier de la Couronne chargé de conserver les Sceaux royaux. L'apposition du Sceau sur un document et notamment sur les documents à caractère législatifs et réglementaires et sur les décisions de justice rendues par le souverain ou en son nom dont, selon les principes du droit féodal émanait toute justice, attestait de l'authenticité de l'acte et il en ordonnait son exécution par les officiers du Roi. V. Braudo (S). « Dictionnaire du droit privé. » In *dictionnaire-juridique.com*.

souveraineté. En effet, depuis l'accession du pays à l'indépendance ainsi qu'à la souveraineté, différents gouvernements qui se sont succédé, dans leur structure existe toujours le portefeuille de la justice dont le statut varie selon la priorité de la vision du Président de la République au regard de son programme.

Sous la deuxième République, le Commissaire d'Etat ayant la justice dans ses attributions, a exercé une influence importante dans la gestion du pouvoir judiciaire. Ainsi, vers l'année 1987, ce dernier présidait le Conseil judiciaire dont dépendait, le Conseil supérieur de la magistrature comme un des organes. Il avait le pouvoir disciplinaire sur les magistrats et pouvait procéder provisoirement à leur nomination et affectation.

La constitution congolaise de 2006 a marqué un passage important dans la réforme de la justice congolaise. L'indépendance du pouvoir judiciaire est proclamée par rapport aux pouvoirs législatif et exécutif. Et le Conseil supérieur de la magistrature devrait garantir cette indépendance.

Dans l'entrain temps, l'ordonnance présidentielle est prise pour fixer le cadre juridique des attributions du ministre de la justice dans un contexte général.

Cette ordonnance présidentielle n° 20/017 du 27 mars 2020[80] fixent les attributions du ministère national de la justice en ces termes :

- administration de la justice ;
- suivi de l'exécution de la politique judiciaire du Gouvernement par les Cours et tribunaux et les Parquets y rattachés;
- Contrôle des activités judiciaires ;
- surveillance générale sur le personnel judicaire ;
- suivi des réformes institutionnelles ;
- exercice des prérogatives conférées par la loi notamment :
  - la loi organique n°13/011-B du 11 avril 2013 portant organisation, fonctionnement et compétences des juridictions de l'ordre judiciaire ;

---

[80] Ordonnance présidentielle n° 20/017 du 27 mars 2020 fixant les attributions des Ministères. Elle a modifié celle portant n° 17/025 du 10 juillet 2017.

- la loi organique n° 06/020 du 10 octobre 2006 portant statut des magistrats ;
- les codes pénal, civil, de commerce, de procédure pénale, et procédure civile ;
- la loi n°09/001 du 10 janvier 2009 portant protection de l'enfant ;
- la loi organique n°16/027 du 15 octobre 2016 portant organisation, compétences et fonctionnement des juridictions de l'ordre administratif ;

- questions relatives à la nationalité ;
- notariat ;
- séquestres d'intérêt général ;
- police des cimetières ;
- cultes, associations sans but lucratif(Asbl) et établissement d'utilité publique, régime pénitentiaire, libération conditionnelle ;
- recours en grâce ;
- conservation des copies des textes légaux et règlementaires, des traités ou accords internationaux, protocoles d'accords et arrangements signés au nom de l'Etat ;
- conservation des spécimens des sceaux de la République ;
- défense des intérêts de l'Etat devant les juridictions nationales, étrangères et internationales,
- gestion de la Commission de censure des chansons et spectacles en collaboration avec les ministères ayant les medias ainsi que la culture et les arts dans leurs attributions ;
- gestion des services spécialisés :
    - commission permanente de réforme du droit congolais ;
    - commission de gestion des biens saisis et confisqués (COGEBISCO) ;
    - service de documentation et études ;
    - école supérieur de la magistrature ;
    - inspectorat général des services judiciaires et pénitentiaires ;
    - commission nationale OHADA ;
    - guichet unique de création d'entreprise.

L'ordonnance sus-évoquée est un acte règlementaire. Elle définit notamment les attributions ayant trait à l'intervention du ministre national de la justice dans le domaine du pouvoir judiciaire. Ce qui constitue dans une certaine mesure la consécration d'immixtion dans l'exercice du pouvoir judiciaire. Il ne va pas sans poser problème au regard des relations entre le ministre de la justice et le pouvoir judiciaire.

Tout en reconnaissant que le ministre national de la justice a légalement le droit de donner des consignes générales de la politique judiciaire du gouvernement auprès des cours et tribunaux ainsi que les parquets y rattachés, certains auteurs estiment que l'utilisation extensive de ce pouvoir contredit le principe constitutionnel d'indépendance de la justice.[81]

En effet, à son article premier, 1er b.2. tiret 1, 3 et 4, cette ordonnance reconnait au ministre national de la justice le pouvoir de l'administration de la justice, du contrôle des activités judiciaires et la surveillance du personnel judiciaire.

Que faut-il entendre alors par administration de la justice ?

Le terme « administration de la justice » est plus large. En droit français, le concept englobe au sens plus large trois catégories différentes :

- actes de pure gestion administrative ;
- les actes d'organisation juridictionnelle;
- et les actes de gestion procédurale[82].

Vu sous l'angle de l'ordonnance pré-rappelée, la compétence d'administrer la justice place le ministre national de la justice, membre du pouvoir exécutif au-dessus du pouvoir judiciaire, comme si celui-ci était une parcelle de celui-là. Elle fait du ministre national de la justice l'autorité de la surveillance et de contrôle du pouvoir

---

[81] Yatala Nsomwe Ntambwe (C), « L'indépendance du pouvoir judiciaire à l'égard du pouvoir exécutif n au Congo-Kinshasa.» In *www. droit congolais. info* . pp 1-23.

[82] Azambudja de Magalhas Pinto (R)., *Les actes d'administration judiciaire en droit français et en droit brésilien. Etude de procédure civile comparée*, Thèse, Université Paris 1- Panthéon, 2007 p.16.

judiciaire, en violation du principe de l'indépendance de la justice. Certes, la séparation des pouvoirs veut que le pouvoir limite le pouvoir par le biais d'un contrôle mutuel. Mais, c'est un contrôle visant l'équilibre des pouvoirs et non une immixtion d'un pouvoir dans l'activité essentielle de l'autre. [83]

Pour être conforme à la constitution, les attributions du ministère national de la Justice devraient être réduites à l'exercice du pouvoir exécutif. On combinerait ainsi harmonieusement les deux conceptions de la séparation des pouvoirs, à savoir : l'indépendance et la spécialisation des pouvoirs. Cette combinaison peut découler de l'interprétation systématique de la Constitution congolaise qui, tout en affirmant l'indépendance du pouvoir judiciaire à l'égard de deux autres, reconnait en principe à ce seul pouvoir la fonction juridictionnelle : la juridiction judiciaire, la juridiction administrative, la juridiction militaire, la Cour constitutionnelle ainsi que les parquets rattachés à ces juridictions dont partie du pouvoir judiciaire. [84]

Le ministère de la justice appartient au pouvoir exécutif qui est différent du pouvoir judiciaire et dont ce dernier est indépendant. En outre, il existe un Conseil supérieur de la magistrature qui est l'autorité de surveillance du pouvoir judiciaire et dont aucun des membres n'appartient constitutionnellement au pouvoir exécutif. Ce qui est une avancée significative par rapport à la France, par exemple, dans la concrétisation de la séparation des pouvoirs.

De ce qui précède, il y a donc nécessité de définir clairement au niveau législatif la répartition des compétences dans le domaine du pouvoir judiciaire entre le Conseil supérieur de la magistrature et le ministre de la justice. L'emploi de l'expression administration de la justice au sens de cette ordonnance devrait s'entendre plutôt aux actes de pure gestion administrative qui se concrétise par :

- l'exercice du pouvoir règlementaire ;
- la surveillance générale sur le personnel judiciaire ;
- la garde de sceaux et le suivi des réformes institutionnelles

[83] Yatala Nsomwe Ntambwe (C), « art.cit, » p.15

[84]Yatala Nsomwe Ntambwe (C), *L'institution de tribunaux administratifs dans la société ecclésiale*, Thèse, Université de Fribourg, p 278.

§ 2. Nécessité de la répartition des compétences entre le Conseil supérieur de la magistrature et le ministre national de la justice dans la gestion du pouvoir judiciaire.

Le Conseil supérieur de la magistrature est un organe institué par la constitution pour concrétiser la volonté de renforcer l'indépendance du pouvoir judiciaire. La loi fondamentale fixe non seulement le cadre de la composition dudit organe mais aussi définit les attributions dévolues à ce dernier. Reviennent donc au Conseil supérieur de la magistrature, selon les normes relatives au système judiciaire indépendant : les recrutements, les affectations, les mutations, les avancements en grade et les mesures disciplinaires à l'encontre des magistrats.

En revanche, la Constitution congolaise est muette quant aux compétences du ministre national de la justice dans le domaine du pouvoir judiciaire. C'est au niveau des actes règlementaires plus précisément l'ordonnance pré rappelée que les attributions du ministre sont expressément définies.

Le modèle italien peut inspirer les congolais en ce qu'il a prévu déjà au niveau de la constitution une répartition nette des compétences entre le Conseil et le ministère. Au Conseil supérieur de la magistrature la défense de l'autonomie et de l'indépendance du pouvoir judiciaire et au ministère, la gestion des services.[85] .

En *grosso modo*, le ministre national de la justice en RDC n'est pas organiquement une autorité hiérarchique du pouvoir judiciaire. Il exerce une portion du pouvoir exécutif dans le domaine judiciaire. Il ne peut donc pas se substituer au Conseil supérieur de la magistrature.

Il intervient tout de même dans la procédure disciplinaire des magistrats de l'ordre judiciaire et administratif par voie de dénonciation.

---

[85]Civinini Giuliana (M)., « le modèle italien d'administration de la justice » *In Revue française d'administration public*, n° 125 -2008/1 pp 81-91. V. art. 105 de la Constitution italienne.

TITRE II.

LES FONDEMENTS JURIDIQUES DE DROIT DISCIPLINAIRE DES MAGISTRATS DE L'ORDRE JUDICIAIRE ET ADMINISTRATIF EN RDC

Dans un contexte général, le droit disciplinaire est la branche de droit qui est vouée au contrôle de la conduite des professionnels encadrés par un ordre professionnel, en fonction des normes particulières qui régissent l'exercice d'une profession. Ce domaine de droit administratif est dit *sui generis*, ce qui signifie « de son propre genre », en raison du fait que chaque profession est encadrée par ses lois et règlements qui lui sont propres. D'autre part, le processus disciplinaire emprunte certains principes au droit civil et au droit pénal, ce qui en fait un système juridique hybride.[86]

Cela sous-entend que les ordres professionnels disposent d'un pouvoir normateur pour organiser les professions qu'ils régissent, contrôler la qualité de ceux qui y exercent et fixer des règles de conduite au travers des codes de déontologie et des règlementations de leur compétence[87].

En l'espèce, le droit disciplinaire des magistrats congolais, jusqu'il y a peu, été pensé, conçu et mise en œuvre comme un ordre juridique réservé, organisé de manière autonome et échappant aux règles de droit commun. Il se spécifie par ses sources et ses principes.

Dans ce sens, les magistrats congolais peuvent toujours se voir imposer les devoirs particuliers que leur dicte leur conscience. Mais,

---

[86] Goulet (M)., *Le droit des corporations professionnelles*, Montréal, Editions Yvon Blais, 1993 p.23.

[87] Rondeau (C)., *Le droit disciplinaire*, In Bull. Acad. Vêt. de France, 1996, 69-71.

comme on l'observait déjà jadis, il ne saurait ne connaitre qu'elle(conscience) sans égard à l'opinion, aux usages et aux règlements ; des sources extérieures leur fixent les principales obligations de leur état, en même temps qu'elles constituent pour eux des repères indispensables : la loi tout d'abord, comprise au sens plus large, c'est-à-dire incluant les textes constitutionnels, législatifs et règlementaires, pris pour assurer le contrôle déontologique par-là la production de la jurisprudence par l'organe disciplinaire.(Chapitre 3) Les textes eux-mêmes évoquent tour à tour les règles, les usages et les pratiques de l'ordre professionnel, lesquels restent dans un cadre de plus en plus contraignants , une autorité normative, en même temps surtout qu'un guide : la déontologie elle-même ensuite, qui par ses principes est source de droit disciplinaire.(Chapitre 4).

Bref, les règles de droit disciplinaire des magistrats congolais proviennent des différentes sources dans l'ordre juridique interne. La matière se réfère également aux nombreuses obligations déontologiques et professionnelles.

CHAPITRE 3.

LES SOURCES NORMATIVES DE DROIT DISCIPILINAIRE DES MAGISTRATS CONGOLAIS DANS L'ORDRE JURIDIQUE INTERNE.

En droit, la métaphore aquatique de la « source » évoque les lieux d'où jaillit le droit[88]. Les sources du droit désignent ainsi les origines (formelles ou matérielles) des normes juridiques. Et la fonction principale d'une théorie des sources du droit est de permettre de repérer les prescriptions juridiques au sein des multiples productions sociales, de permettre de tracer les frontières du continent juridique sur la carte du monde social.[89]

S'inscrivant sur cette ligne, la lecture de la Constitution convint rapidement de la haute idée que le législateur se fait de la profession de magistrat en RDC. Pour le législateur, la profession se caractérise par une manière d'agir et par une manière d'être. La violation des obligations qui en découlent expose aux sanctions disciplinaires les magistrats fautifs. Pour garantir une procédure disciplinaire juste et équitable, les règles sont définies en application de principes posés par la Constitution.

---

[88]Sève (R)., « Brève réflexion sur le Droit et ses métaphores » *in Arch.phil.droit* 1982, p. 259.

[89]Barraud (B)., « Les nouveaux défis de la recherche sur les sources du droit » *in Revue de la recherche Juridique-Droit prospectif 2016*, Aix-Marseille, 4, n° 164 p.1

SECTION 1. LES SOURCES CONSTITUTIONNELLES.

Si la Constitution congolaise est intervenue pour préciser plusieurs règles de la procédure pénale, elle est beaucoup moins prolixe en matière de procédure disciplinaire des magistrats. Les garanties de la procédure contradictoire, de la désignation du juge naturel, du droit de l'assistance judiciaire, du recours en appel qui semblent, vu le contexte avoir été stipulées expressément pour la protection des prévenus, constituent néanmoins des principes essentiels au bon fonctionnement de toute juridiction, et doivent, à ce titre, servir de guide au législateur et au juge en matière de droit disciplinaire des magistrats congolais.

SECTION 2. LES SOURCES LÉGALES ET RÈGLEMENTAIRES

Du registre d'énumération des matières que la Constitution congolaise réserve au pouvoir législatif figure expressément le statut des magistrats et le régime juridique du Conseil supérieur de la magistrature. *In concreto*, la loi organique portant statut des magistrats fixe le régime disciplinaire des magistrats. (§1) Et la loi organique relative à l'organisation et fonctionnement du Conseil supérieur de la magistrature considère cet organe comme juridiction disciplinaire. (§2) Outre les deux principaux textes sus-évoqués, il faudra reconnaitre également l'existence des autres lois et règlements lesquels apportent certaines précisions quant au régime disciplinaire des magistrats congolais.

§1. La loi organique n° 06/020 du 10 octobre 2006 telle que modifiée et complétée portant statut des magistrats

Contenu. – Le régime disciplinaire des magistrats congolais de l'ordre judiciaire et administratif est consacré au titre troisième, chapitre premier de la loi organique de 2006 portant statut des magistrats. La partie y relative comporte quatre sections distinctes totalisant 19 articles soit de l'article 46 à 64. La section 1ère est relative aux dispositions générales. La faute disciplinaire est définie et les sanctions à infligées sont fixées.

La section II traite successivement de la procédure disciplinaire, les autorités compétentes pour constater les fautes disciplinaires, les enquêtes antérieures de la saisine de la juridiction disciplinaire et l'instance disciplinaire, la notification des décisions disciplinaires, la voie de recours et l'exécution des décisions disciplinaires.

La section III prévoit la possibilité du déport et de récusation pour les membres du Conseil supérieur de la magistrature alors juges disciplinaires.

La section IV contient des dispositions relatives à la prescription de l'action disciplinaire.

Les articles 67, 68 et 69 ne rentrent pas en principe dans la catégorie de la matière réservée au régime disciplinaire des magistrats. Il y a lieu de les placer dans le contexte des incompatibilités afin de trouver leur plein sens.

§2. La loi organique n°08/013 du 05 août 2008 portant organisation et fonctionnement du Conseil supérieur de la magistrature

Cette loi organique comprend douze articles articulés essentiellement sur l'organisation de la juridiction et la procédure disciplinaire des magistrats. Il est organisé, à cet effet, la chambre nationale et les chambres provinciales de discipline, lesquelles sont composées de façon mixte et croisée en tenant compte des spécificités propres aux magistrats des parquets, du siège et de la justice militaire.[90]

Elle a été promulguée deux ans après la loi organique portant statut des magistrats. Le renvoi pour la première fois du régime disciplinaire des magistrats de la Cour constitutionnelle à la loi organique portant organisation et fonctionnement de cette cour figure à l'article 23. Une

[90] Articles 20-32 de la loi organique sur l'organisation et le fonctionnement du Conseil supérieur de la magistrature.

façon d'écarter ces derniers de la compétence personnelle disciplinaire du Conseil supérieur de la magistrature en tant que juridiction disciplinaire.

§3. Décret-loi n°017/2002 du 03 octobre 2002 portant code de conduite de l'agent public de l'Etat.

Le présent décret-loi portant code de conduite sert de référence aux valeurs éthiques auxquelles sont appelées à observer tous agents publics de l'Etat.

Il a pour objet [91]:

- préciser les règles de conduite en matière d'intégrité morale et d'éthique professionnelle ;
- d'aider l'agent public de l'Etat à respecter ces règles ;
- de favoriser l'amour du travail et la bonne gestion de la chose publique ;
- de lutter contre les antivaleurs dans les milieux socio-professionnels.

Il définit un agent public de l'Etat comme toute personne qui exerce une activité publique de l'Etat et/ou rémunérée par ce dernier.

Les magistrats des cours et tribunaux sont repris sur la liste de l'énumération de ceux qui sont considérés comme agents publics de l'Etat.

L'agent public encourt une sanction disciplinaire lorsqu'il vient enfreindre intentionnellement, par négligence ou imprudence aux devoirs professionnels. L'article 29 dudit code renvoie expressément au régime disciplinaire spécifique à chaque catégorie d'agent public d'Etat.

[91] Article 2 du Décret-Loi n° 017/2002 du 03 octobre 2002 portant code de conduite de l'Agent Public de l'Etat.

§4. Le Règlement intérieur du Conseil supérieur de la magistrature

Le règlement intérieur du Conseil supérieur de la magistrature a été adopté par l'assemblée générale dans les 30 jours qui suivaient l'installation de cet organe. Il vient préciser certaines dispositions de la loi organique sur le Conseil supérieur de la magistrature à travers cinq chapitres comportant un total de 78 articles. La question relative à la procédure disciplinaire des magistrats est vue sous trois volets, à notre sens, s'agissant de certaines précisons des lois organiques sus-évoquées :

- la qualité des membres appelés à siéger comme juge disciplinaire ;
- les frais de procédure ;
- et le service administratif des chambres disciplinaires.

A titre illustratif, le règlement intérieur du Conseil supérieur de la magistrature pose des préalables pour siéger valablement aux travaux de l'assemblée générale. Il ressort par-là que seuls les membres du Conseil supérieur de la magistrature peuvent être juge disciplinaire.

Et pour exercer valablement leur mandat, au début de chaque assemblée générale, le bureau procède à la vérification et à la validation des pouvoirs des membres de droit, des membres élus et des membres désignés. (Art 11 al 1 et 2 du règlement intérieur du Conseil supérieur de la magistrature).

Que partant leur mandat commence à la validation de leur pourvoir par l'assemblée générale. Cette formalité est substantielle pour conférer pouvoir aux membres précités de siéger valablement en qualité de juge disciplinaire. Le défaut d'accomplissement de ladite formalité par les membres qui siègent au sein des chambres disciplinaires entrainerait l'irrégularité de la composition.

§5. Le code d'éthique et de déontologie des magistrats

Il passe sous forme d'une résolution adoptée par l'assemblée du Conseil supérieur de la magistrature le 26 mai 2011. La démarche à travers cette résolution vise de constituer un cadre d'unification des règles éthiques et déontologiques qui sont éparses et lacunaires. Les dispositions qui en découlent exposent les magistrats, auteurs, de violation aux obligations déontologiques aux poursuites disciplinaires selon les modalités prescrites par la loi.[92]

§ 6. La Note circulaire n° 001/2012 du 13 février 2012

La Note circulaire[1] n°001/2012 du 13 février 2012 relative au relèvement de la discipline des magistrats insiste quant à elle sur la nécessité de relever la discipline dans le corps avec un trait des mesures à être arrêtés et à faire respecter par les chefs de juridiction et d'office.

SECTION 3. LES SOURCES JURISPRUDENTIELLES

Etymologiquement, la jurisprudence est la vertu de prudence appliquée au droit, et par là même, la recherche du juste à réaliser et de l'injustice à éviter. Originairement donc, la jurisprudence caractérise toutes les sources du droit, en tant qu'elles expriment la prudence du droit et la justice. C'est encore cette acception qui prévaut dans les pays anglo-saxons, où la jurisprudence est assimilée à la science du droit, à la prudence du juriste à la recherche de bon droit.[93].

A ce propos, l'analyse des décisions des chambres disciplinaires a une portée tout à fait particulière en ce qu'elles contribuent efficacement à l'émergence de droit disciplinaire des magistrats congolais.

---

[92]Article 27 de code d'éthique et déontologie des magistrats.

[93] Deguergue (M)., « La jurisprudence et les Sources du droit. » in *Droits* 2001/2 n° 34, pp 95 à 104.

A ce jour plus de 700 décisions ont été rendues par la chambre nationale et chambres provinciales de discipline. Il y a nécessité qu'elles soient analysées dans leur généralité tout autant qu'elles donnent réponse aux questions spécifiques.

SECTION 4. LES SOURCES DOCTRINALES

La jurisprudence se réfère à de très nombreux adages, principes et maximes, à propos desquels, on trouvera toujours un grand intérêt à se reporter à l'ouvrage classique comme doctrine.

Dans le monde du droit, il existe des auteurs qui jouissent d'une certaine notoriété laquelle peut peser d'un poids significatif lorsqu'il faut trancher sur une prévue par la loi et non encore abordée par la jurisprudence.[94]

Il sied de relever que les ouvrages en rapport avec le droit disciplinaire des magistrats congolais sont encore rares pourtant censés d'influencer la jurisprudence et dans certains cas de susciter à l'élaboration des lois nouvelles sur le régime disciplinaire des magistrats de l'ordre judiciaire et administratif en République Démocratique du Congo.

SECTION 5. LES PRINCIPES GÉNÉRAUX DU DROIT

Les principes généraux du droit sont définis comme des propositions premières non écrites, normatives et juridiques qui fondent, à côté d'autres sources de droit, l'unité du système juridique.[95]

L'application des principes généraux du droit dans l'ordre juridique interne congolais trouve pour fondement juridique l'ordonnance de l'Administrateur général du Congo du 14 mai 1886 selon laquelle les cours et tribunaux trancheront les contestations qui sont de leur compétence conformément aux coutumes locales, aux principes généraux du droit et à l'équité lorsque la matière n'est pas prévue

[94] Matadi Nenga (G), *op.cit*, Ed Droit et idées nouvelles, Kinshasa, 2006 p.40
[95] Idem, p.41

par un décret ou une ordonnance déjà promulguée. Ils ont donc un caractère supplétif. Ils ne peuvent être évoqués ou n'être d'application qu'en l'absence d'une loi spécifique qui régit la matière.

En matière de droit disciplinaire des magistrats congolais, la question est d'autant plus intéressante dès lors que l'on sait que la procédure disciplinaire enclenchée à l'encontre des magistrats est devenue juridictionnalisée. Et les chambres qui sont des juridictions disciplinaires sont appelées à trancher les causes leur soumises dans certains cas en faisant application des principes généraux.

CHAPITRE 4.

LA PLACE DE LA DEONTOLOGIE COMME SOURCE DE DROIT DISCIPLINAIRE DES MAGISTRATS CONGOLAIS

La déontologie n'est pas née hier dans notre société. Fruit d'une longue évolution, elle recouvre un sens plus complexe qu'il n'y paraît, indispensable à cerner, dans l'optique de comprendre les enjeux qui se cachent derrière.[96] Aujourd'hui, plus qu'à toute époque, dans l'opinion comme dans le monde judiciaire de façon plus large, la demande déontologique est forte.

Chaque ordre professionnel élabore sa déontologie, théorie des devoirs, dont les règles peuvent être plus strictes que les normes de conduite qui relèvent du droit commun applicable à tout un chacun. Le respect de la déontologie est assuré et les manquements sanctionnés par une autorité.[97]

La sanction est donc le corollaire inévitable et indispensable de la faute déontologique, dont on rappellera que tout manquement à un principe essentiel de la profession constitue une faute de cette nature.[98]

Qu'en est-il alors de la place de la déontologie judicaire comme source de droit disciplinaire des magistrats congolais ?

---

[96] Personeni (E), *La déontologie des magistrats de l'ordre judiciaire*, Université de Lyon, p.8

[97] Duprez (P). « Le droit disciplinaire dans le contexte général »*in www.ombw.be.*

[98] Pujalte (C) et Lamaze (E), Chapitre VII. « La procédure disciplinaire » *in L'avocat, le juge et la déontologie*, col. Que sais-je, PUF, 2009, pp183-195

SECTION 1. L'APPROCHE NORMATIVE DE LA DÉONTOLOGIE JUDICIAIRE DES MAGISTRATS CONGOLAIS.

La déontologie judiciaire constitue un complément indispensable au statut exceptionnel garanti aux magistrats par les différentes facettes de l'indépendance judiciaire. A ce titre, elle représente un facteur primordial du succès des institutions judicaires, dont elle assure la légitimité.[99] Elle recouvre une multitude de sources, tant écrites que jurisprudentielles. Ces sources écrites recueillent les sources normatives qui permettent d'objectiver la déontologie mais la déontologie se trouve également préciser dans la jurisprudence du Conseil supérieur de la magistrature, source majeure et fondamentale.[100]

Rappelons que sous l'époque de Bentham, la déontologie n'est pas du droit mais, aujourd'hui, elle recoupe les devoirs professionnels et la morale, l'axiologie des valeurs. La déontologie se juridicise vers une réglementation professionnelle. Elle se situe à mi-chemin entre un « droit mou » et une « morale dure »[101].

La déontologie devient donc un ordre juridique particulier. Il subsiste d'ailleurs beaucoup de confusions entre plusieurs des concepts qui lui servent de référence. Ce flottement tient à la nature même de la déontologie des magistrats qui est établie sur une normalité et une activité dont les références sont en constant mouvement.[102]

La déontologie des magistrats est dans ce sens considérée comme l'ensemble des devoirs professionnels qui s'imposent aux magistrats dans l'exercice de leur fonction au nom de certaines valeurs

---

[99] Huppé (L)., « Les fondements de la déontologie judiciaire, » *in Les cahiers de droit*, volume 45(1), 2004, pp 93-131

[100] Personeni (E)., op.cit. p 13

[101] Kerléo (J-F)., « Archéologie des rapports entre le droit et la déontologie en France » *in Revue d'études benthamiennes, n° 13/2014* .Lire. Personeni (E) p10.

[102] Decoopman (N)., « Droit et déontologie. Contribution à l'étude des modes de régulation » *in www. u-picardie.fr*. p 89.

fondamentales. Cette définition a l'avantage de regorger double notion qui marque la particularité de la déontologie des magistrats, à savoir :

- La morale qui concerne l'éthique professionnelle.
- La déontologie qui passe sous forme des règles observables dans l'exercice de la profession.

En République Démocratique du Congo, la question de la déontologie des magistrats a fait l'objet de préoccupation du Conseil supérieur de la magistrature. Ainsi, les travaux [103]ont été organisés avec comme objectifs d' :

- identifier les règles éthiques et déontologiques régissant la fonction de magistrat à travers les textes constitutionnels, légaux et réglementaires, les traités et conventions internationaux ainsi que l'expérience du droit comparé (Afrique du Sud, Ouganda, Rwanda, Canada, Californie en USA et France) ;
- rédiger une proposition du code d'éthique et de déontologie des magistrats.

Ce faisant, en date du 26 mai 2011, la résolution portant code d'éthique et de déontologie des magistrats[104] sera adoptée par l'Assemblée générale du Conseil supérieur de la magistrature. Ce code a eu le mérite d'unifier sous forme d'un ensemble de texte cohérent les règles éthiques et déontologiques qui étaient jadis éparses et lacunaires et ce, en recourant d'une part aux règles tirées notamment de la Constitution et de la loi organique portant statut des magistrats

---

[103]Ubulu Pungu (J)., *Note explicative du processus qui a conduit à l'élaboration du code d'éthique et déontologie des magistrats*, Kinshasa, 16 mai 2011 (inédit) . V. Conseil supérieur de la magistrature, Guide pratique de procédure disciplinaire des magistrats, Kinshasa, 2011. Pp.116-117.

[104]Le code d'éthique et déontologie des magistrats congolais est une résolution du Conseil supérieur de la magistrature, adoptée par l'Assemblée Générale au cours de sa session extraordinaire. Il comprend 28 articles, repartis en 8 chapitres.

et d'autre part aux instruments juridiques internationaux ratifiés par la RDC.

La démarche visée était celle d'assurer une certaine légitimité, malgré la précarité des sources législatives sur lesquelles ces principes peuvent être explicitement appuyés.

Ce code comporte des principes qui se présentent sous forme des règles impératives coulées dans un texte de nature administrative (résolution). Les règles dont question mettent en évidence sept valeurs fondamentales (l'indépendance, l'intégrité, l'impartialité, l'égalité, la diligence, la compétence professionnelle et le devoir de réserve) quant à la fonction judiciaire et formulent pour chacune un énoncé, qu'elles développent ensuite en quelques principes d'application plus concrète, qui font eux-mêmes l'objet de commentaires détaillés.

Il faut faire remarquer que les exigences constitutionnelles relatives à la participation de la magistrature à l'élaboration de la déontologie judiciaire, ou encore la forme que doit prendre cette participation pour satisfaire au principe de l'indépendance judiciaire n'ont pas encore été établies de façon précise en droit positif congolais, bien que le Conseil supérieur de la magistrature ait déjà largement contribué aux normes déontologiques existantes.

L'analyse des différentes sources formelles normatives de la déontologie judiciaire des magistrats congolais permet de constater une certaine diversité des règles déontologiques qui contribuent à l'émergence de droit disciplinaire des magistrats. Elle conduit à l'idée que la déontologie des magistrats découle de façon intrinsèque aux exigences disciplinaires de la fonction judiciaire.

SECTION 2. DES PRINCIPES DÉONTOLOGIQUES À UN CONTENU DE DROIT DISCIPLINAIRE DES MAGISTRATS CONGOLAIS

La déontologie des magistrats de l'ordre judiciaire et administratif en RDC est construite autour d'une source normative contextualisée. Elle passe d'un simple aspect moralisateur à une conception plus objective consistant en l'édification d'un système de sanction pour le magistrat qui se rendrait coupable par manquement aux obligations déontologiques.[105].

Sous cet angle le code d'éthique et de déontologie des magistrats congolais se présente comme articulé précédemment sous la forme d'une série de sept règles :

- de l'indépendance ;
- de l'impartialité ;
- de l'intégrité ;
- de l'égalité ;
- de la diligence ;
- de la compétence professionnelle ;
- du devoir de réserve.

Les règles édictées par le présent code correspondent essentiellement aux fonctions judiciaires. Pourtant la conduite des magistrats dans sa vie professionnelle que dans sa vie privée compte quant à l'éventuel respect des obligations déontologiques.

Il convient tout d'abord d'examiner ces règles déontologiques, ensuite de dégager les liens entre la déontologie judiciaire et le droit disciplinaire des magistrats congolais, sachant pertinemment que celle-là sert de matière à celui-ci.

---

[105] Article 27 du code d'éthique et de déontologie des magistrats : « Les dispositions du présent code ont valeur obligatoire pour tous les magistrats. Tout manquement aux obligations déontologiques expose son auteur à des éventuelles poursuites disciplinaires selon les modalités prescrites par la loi ».

§1. Elément central et fondateur de la déontologie des magistrats congolais : L'engagement par le serment

De prime abord, la déontologie des magistrats congolais tire son fondement dans l'engagement solennel par le serment de respecter des principes généraux à connotation morale. C'est un engagement et une morale.

La loi portant statut de la magistrature, à son article 5 dispose que le magistrat, avant d'entrer en fonction doit prêter le serment suivant : « *Je jure de respecter la Constitution et les lois de la République démocratique du Congo et de remplir loyalement et fidèlement, avec honneur et dignité, les fonctions qui me sont confiées*».

Ce serment a resté depuis longtemps la seule source de déontologie vraiment visible qui soumettait le magistrat à certaines obligations morales. Il renvoie directement le magistrat congolais à la conscience, au devoir envers soi-même et envers les autres citoyens, soumis à la justice. C'est l'élément central et fondateur de la déontologie judiciaire.

§2. Les Principes déontologiques des magistrats de l'ordre judiciaire et administratif en RDC

En considération de l'unité du corps judiciaire, les principes déontologiques imposables sont communs pour l'ensemble des magistrats de l'ordre judiciaire, en ce compris les magistrats de l'ordre administratif et les magistrats militaires.[106]

Les valeurs formulées dans le code d'éthique et de déontologie sont des idéaux qui motivent la charge professionnelle et des principes républicains liés à l'Etat de droit.

---

[106] Les magistrats de l'ordre judiciaire, les magistrats de l'ordre administratif et les magistrats militaires sont tous soumis à la loi portant statut des magistrats. Dans ce sens, ils représentent le corps judiciaire.

En principe, elles sont au nombre de trois :

A. L'impartialité

La première et la plus fondamentale n'est autre que l'impartialité, valeur fondamentale, obligation d'intervenir sans aucun a priori ni préjugé ou contact préalable personnel avec les parties et respect du principe de contradiction, c'est un devoir vis-à-vis du justiciable.

B. La diligence

Elle est une exigence professionnelle selon laquelle le magistrat doit traiter tous ses dossiers dans un délai raisonnable ; il doit être conscient que sa décision est attendue et que sa négligence ou son laxisme dans le traitement des affaires ne peut qu'avoir des répercussions négatives pour les parties, et, dans certains cas, pour l'ordre public.

C. La loyauté

La loyauté, valeur au contenu large s'exprime de différentes manières. A l'égard des supérieurs hiérarchiques, du justiciable, des collègues ou auxiliaires de justice, il se décline différemment en fonction de la profession exercée.

Etymologiquement la loyauté fait référence à la loi, mais aussi au respect de l'honneur, de la probité et de la droiture. Elle désigne la vertu de la justice en son entier, elle s'impose au magistrat vis-à-vis de ses collègues comme des justiciables.

Elle concerne le magistrat du parquet dans le cadre d'indivisibilité du ministère public et du principe hiérarchique qui la régule. Elle consiste pour un magistrat à ne pas s'affranchir délibérément de la loi[107].

D. L'intégrité

L'intégrité est l'expression d'une probité et d'une honnêteté absolues. Elle fait référence aux concepts d'honneur et d'honnêteté. Elle vise ainsi les comportements auxquels s'oblige personnellement un professionnel en fonction des exigences de sa charge. Sous un angle plus déontologique, elle appelle à la vigilance que doit avoir tout magistrat à l'égard de toutes formes de bénéfices, avantages ou faveurs, y compris les plus subtils, de la part de quiconque.

E. L'égalité

Le magistrat doit garantir l'égalité de tous dans l'exercice de ses fonctions. Il doit s'abstenir de toute discrimination fondée notamment sur l'origine, la race, le sexe, la religion, l'ethnie, les convictions politiques, philosophiques ou d'autres considérations liées à la personne.

F. Du devoir de réserve

Le devoir de réserve réside dans l'abstention par le magistrat de toute manifestation d'opinion susceptible d'instiller le doute chez le justiciable sur son impartialité. L'on peut évoquer le militantisme politique ou syndical, comme prosélytisme.

Si le magistrat dispose des mêmes libertés publiques que n'importe quel citoyen, le statut de la magistrature en a déjà prévu les limités.

---

[107] Les travaux de la Commission française de réflexion sur l'éthique dans la magistrature tenue au mois de novembre 2003. La réflexion portait sur l'impartialité objective et subjective du juge dans le processus décisionnel, son indépendance et son intégrité. Elle s'est attachée également aux conditions d'exercice des fonctions ainsi qu' à la capacité de l'autorité hiérarchique, des services de la Chancellerie et du Conseil supérieur de la magistrature, d' appréhender les éventuelles difficultés et d' y apporter des réponses tout en garantissant le bon fonctionnement du service public de la justice., p.19.

Mais l'obligation de déontologique de réserve doit, dans la seule perspective de garantir l'impartialité, dépasser ces limites.

L'obligation de réserve signifie que, si le magistrat jouit de la liberté d'adhérer à un parti politique ou à un syndicat , d'avoir un engagement religieux ou confessionnel, il doit se départir de manifestations explicitant un militantisme actif incompatible avec l'image d'impartialité qu'il doit offrir au sein de la Cité.

La Cour européenne des droits de l'Homme a affirmé à cet égard qu' « *en militant dans un parti politique, quelle qu'en soit l'orientation, un magistrat met en péril l'image d'impartialité et d'indépendance que la justice se doit toujours et invariablement de donner... Face au militantisme politique actif d'un magistrat, une protection inconditionnelle de celui-ci contre les attaques de la presse ne se justifie guère par la nécessité de protéger la confiance des citoyens dont le pouvoir judiciaire a besoin pour prospérer, alors que c'est justement pareil militantisme politique qui est susceptible de nuire à cette confiance.*»[108].

S'agissant du militantisme philosophique ou confessionnel, le devoir de réserve impose au magistrat qu'il s'abstienne de mettre en avant sa qualité et sa fonction, singulièrement dans le ressort de sa juridiction, afin de préserver l'image de neutralité qu'exige son état.

G. De l'indépendance

L'indépendance du magistrat est une exigence préalable au respect du principe de la légalité et une garantie fondamentale des libertés individuelles et des droits fondamentaux des personnes. L'indépendance du magistrat est moins un droit du magistrat qu'un droit fondamental des justiciables car elle est le fondement de l'impartialité. Elle constitue un droit constitutionnellement garanti pour toute personne. Le magistrat a le devoir d'être indépendant et de le manifester tant au niveau institutionnel qu'individuel.[109]

---

108 Cfr. Affaire PERNA C/Italie, 25 juillet 2001, n° 48898/99

109 Article 1 du code d'éthique et de déontologie des magistrats.

H. De la compétence professionnelle

Une fois nommé, le magistrat doit s'astreindre à une formation continue pour parfaire ses connaissances, les entretenir et développer sa culture judiciaire tout en s'intéressant à d'autres disciplines que le droit telles que sciences humaines, médecine légale, police scientifique ou informatique…

La liste recoupe toutes les disciplines qui, de près ou de loin, se rattachent et sont utilisées dans différentes procédures qui constituent une culture générale nécessaire à la bonne exécution de sa mission. La formation des magistrats est le point d'ancrage de leur responsabilité intellectuelle et morale.

Par ailleurs la déontologie des magistrats ne se limite pas qu'aux principes applicables dans l'exercice de sa profession mais elle vise également des règles que le magistrat se doit de respecter dans le cadre de sa vie privée.

La protection de la vie privée est un droit fondamental dont jouissent bien entendu également les magistrats. Le but du droit considéré est de prémunir l'individu contre les ingérences arbitraires des pouvoirs publics. Ce but est atteint en protégeant les quatre dimensions de l'autonomie de la personne : -sa vie privée, - sa vie familiale, - son domicile et- sa correspondance. [110]

Le principe demeure que les manifestations de la vie privée d'un magistrat ne relèvent pas, de nature, par elles-mêmes, de l'action disciplinaire. Mais ,à ceci près, que le respect de la vie privée trouve sa limite lorsque les griefs formulés, même s'ils concernent certains aspects la vie privée du magistrat, n'en ont pas moins un retentissement extérieur portant atteinte à l'image de celui qui est appelé à juger autrui et, par voie de conséquence, à l'institution elle-même et lorsque leur auteur ne peut ainsi apparaître, dans son métier de juge et d'arbitre, avec le crédit et la confiance qui doivent lui être

---

[110].Roagna (I). , *La protection du droit au respect de la vie privée et familiale par la Convention européenne des droits de l'homme*, Conseil de l'Europe, Strasbourg, 2012. p. 12.

accordés.[111] Le magistrat reste cependant représentant du service public : il engage la réputation de l'institution judiciaire.

La déontologie judicaire vise le comportement du magistrat dans sa vie privée à différents niveaux : en ce qui concerne ses relations personnelles, ses activités économiques, contractuelles et ses engagements politiques, syndicaux ou encore les engagements religieux.

Le principe de non-ingérence s'applique pleinement dans le domaine de l'intimité de la vie privée et du choix des relations personnelles. Dans la pratique, le Conseil supérieur de la magistrature et les chefs hiérarchiques tiennent à rappeler régulièrement que tout magistrat doit veiller à ce que ses obligations et devoirs professionnels ne soient pas altérés par une vie personnelle susceptible d'entamer son crédit.

La liberté de choix de la vie privée cède alors le pas devant les exigences supérieures qui sont notamment l'accomplissement du devoir d'impartialité, l'obligation de ne pas négliger son activité professionnelle, ou encore le devoir de prudence à l'égard de toute attitude susceptible d'altérer le crédit et l'image de l'institution. Il y a débordement lorsque le comportement privé du magistrat acquiert un caractère public par l'outrance, la violence et la répétition de ses gestes et propos.[112]

Les relations personnelles.[113] Caractérisant ainsi une faute professionnelle susceptible de suites disciplinaires, les relations amicales qui aboutissent à compromettre gravement à l'indépendance du magistrat dans la cité, voire celles qui sont contraires aux bonnes mœurs.

Le magistrat, dans le choix de ses relations et fréquentations se doit de respecter certaines règles déontologiques telles celles de réserve et de prudence. Il ne saurait fréquenter le milieu, ni avoir de relations avec des proxénètes, des délinquants, ... voire participer à des

---

[111] Personeni (E), *op.cit.* p 35.
[112] Avis du Conseil supérieur de la magistrature (France) du 14/03/1997.
[113] .Personeni (E)., *op.cit.* p.36

réunions marquées par des excès de débordements ou alors cohabiter avec une prostituée et intervenir ensuite dans des procédures où elle est partie. Le magistrat doit veiller à se garder de toute situation de dépendance virtuelle résultant notamment de l'acceptation de faveurs ou de cadeaux de la part d'une partie en procès ou susceptible de le devenir.

Engagements contractuels. Les règles déontologiques de prudence, de loyauté et de probité sont exigées des magistrats dans le cadre de ses engagements contractuels ou privés et ce, pour but d'éviter toute situation de fait les mettant dans l'impossibilité d'exercer leurs fonctions. Il s'agit, à titre d'exemple de remboursement d'une dette.

S'agissant d'engagements religieux ou communautaires des magistrats, la saisine de l'instance disciplinaire n'est pas automatique. Elle ne pourrait qu'être enclenchée lorsque le fait pour un magistrat d'appartenir à un mouvement religieux entache le bon fonctionnement de la justice, du par le fait de retard, manque de sérieux et de suivi de l'instruction des affaires. Il s'agit là manifestement d'un état «second» que le magistrat ne peut maîtriser et qui l'empêche d'effectuer sérieusement ses fonctions qui se qualifie alors par un manque de responsabilité.

Donc, tout comportement privé contraire aux devoirs de l'état de magistrat portant atteinte à l'image ou à l'intégrité de la profession est passible d'une sanction disciplinaire.

§3. Rapports entre la déontologie judiciaire et le droit disciplinaire des magistrats congolais

Le droit disciplinaire est étroitement lié à la déontologie des magistrats et c'est vaine querelle, quoi que fréquentée, que de vouloir dissocier les deux. Si l'on faisait abstraction de la faute déontologique, la matière disciplinaire se réduirait à une peau de chagrin tant la première alimente la seconde. Le conseil supérieur de la magistrature poursuit et réprime les fautes commises par les magistrats au moment des faits incriminés. La difficulté réside dans la définition de la faute déontologique, mais dans le diagnostic qu'il faudra porter sur les faits qualifiés de faute.[114]

Le corollaire de la déontologie est la discipline, qui constitue la sanction à un manquement d'une obligation déontologique. Parfois, les deux termes sont même confondus. Mais, il y a tout de même une certaine distinction. Même si les règles déontologiques rentrent dans la discipline, elles s'en éloignent. La discipline est le volet répressif de la déontologie. Cette dernière vise plus la prévention, c'est un guide des comportements. Une faute méritant sanction sera vue comme un manquement à la déontologie et sera sanctionnée et qualifiée par la discipline mais l'inverse n'est pas forcément vrai. En sus, réduire la déontologie à la discipline signifie confondre le droit criminel ou disciplinaire avec la définition du bien et la morale ou encore l'éthique. Les choses ne sont pas si simples.

L'instance disciplinaire se doit de qualifier une faute déontologique par une sanction. La sanction paraît inéluctable afin de garantir l'effectivité des règles déontologiques, par une instance disciplinaire, en l'occurrence ici, le Conseil supérieur de la magistrature. Comme le souligne Denis Salas dans un article : « la déontologie est la capacité pour la profession à réfléchir sur ses valeurs en adéquation avec les attentes du public »[115].

En conclusion, la déontologie judiciaire reste un moyen d'assurer la légitimation de l'activité et de l'institution judiciaire dans un souci continu de s'assurer la confiance du public et imposant aux magistrats et à l'instance chargée d'évaluer les comportements des magistrats, un test de réalité.

---

[114] Pujalte (C) et De Lamaze (E)., « *art.cit.* », p.183.

[115] Salas (D), et Epineuse (H)., *L'éthique du juge : une approche européenne et internationale*, Ed Dalloz, 2003.p.38

PARTIE II.

REGIME DISCIPLINAIRE DES MAGISTRATS DE L'ORDRE JUDICIAIRE ET ADMINISTRATIF EN DROIT POSITIF CONGOLAIS

La responsabilité disciplinaire des magistrats fait l'objet, dans chaque ordre juridique donné, d'une réglementation propre. Toutefois, des renvois ponctuels soigneusement choisis aux dispositions sur les fonctionnaires et agents publics de l'Etat en général, notamment en matière de procédure, restent bien évidemment possibles.

La République démocratique du Congo n'est pas restée en marge de ce principe. Le législateur a adopté le cadre normatif visant à réguler les comportements des magistrats. Ce cadre normatif se démarque du précèdent par la juridictionnalisation de la procédure disciplinaire mise en place depuis l'entrée en vigueur de la loi portant statut des magistrats.

D'où l'émergence d'un nouveau droit, à l'instar de droit disciplinaire des magistrats congolais. Cette branche de droit administratif s'entend à la fois d'un droit processuel, règlementant la procédure depuis la commission de la faute jusqu'à l'exécution des décisions disciplinaires et, d'un droit matériel relatif aux fautes, au régime de responsabilité disciplinaire et aux sanctions à infliger aux magistrats reconnus fautifs.

En effet, la question quant aux règles du constat de la faute disciplinaire, du déroulement de l'instruction d'une cause devant la chambre de discipline jusqu'à sa prise en délibéré ainsi qu'au prononcé de la décision sera abordé ici sous l'angle d'un droit disciplinaire processuel (Titre I).

Bien avant, il y aura nécessité de fixer l'esprit sur certains principes fondamentaux ayant trait à la notion de la faute disciplinaire des magistrats congolais, le régime juridique de responsabilité des magistrats et les peines prévues par le législateur. Ce qui constituera le droit disciplinaire matériel (Titre II).

TITRE III.

DROIT DISCIPLINAIRE MATERIEL DES MAGISTRATS CONGOLAIS

Dans l'exercice de ses fonctions, un magistrat peut commettre une faute, constituant un manquement à ses obligations professionnelles ou déontologiques, lui exposant ainsi à une sanction disciplinaire.

Il convient de considérer aussi que cette faute peut être commise en dehors des fonctions judicaires pour faire allusion aux comportements privés des magistrats.

D'où l'intérêt d'abord de cerner la notion de la faute disciplinaire des magistrats en droit positif congolais à travers la position du législateur et les rapports découlant du régime spécifique de responsabilité pénale et civile comme faute disciplinaire des magistrats congolais (Chapitre 5) ; et ensuite d'analyser diverses sanctions prévues par le législateur. (Chapitre 6).

CHAPITRE 5. LA FAUTE DISCIPLINAIRE

A l'absence du principe de la légalité de la faute disciplinaire, les autorités ayant la charge de constater la faute disciplinaire commise par un magistrat jouissent d'un large pouvoir de qualification des comportements de celui-ci. Ce qui ne va pas sans susciter des interrogations au regard de l'évolution actuelle de droit disciplinaire des magistrats congolais par rapports aux autres systèmes juridiques.

SECTION 1. LA NOTION DE LA FAUTE DISCIPLINAIRE DES MAGISTRATS EN DROIT POSITIF CONGOLAIS

La notion de la faute disciplinaire des magistrats congolais trouve pour fondement juridique différents textes ci-après :

- la loi organique portant statut des magistrats ;
- le code de conduite de l'Agent public de l'Etat ;
- le code d'éthique et déontologie des magistrats ;
- la jurisprudence disciplinaire.

§1. Position du législateur congolais sur la définition de la faute disciplinaire des magistrats

L'article 46 de la loi organique n° 06 /020 du 10 octobre 2006 portant statut des magistrats telle que modifiée à ce jour définit la faute disciplinaire comme « *Tout manquement par un magistrat aux devoirs de son état, à l'honneur ou à la dignité de ses fonctions.*»

L'article 47 de la loi précitée en donne illustration de façon non exhaustive de cas concrets des fautes disciplinaires susceptible d'être commises par les magistrats du siège et du parquet à l'occasion de l'exercice de leur fonction.

Il ressort de ce registre d'énumération que la faute disciplinaire est notamment [116] :

a. le fait, pour le magistrat du parquet, de ne pas rendre son avis dans les délais suivants :
   - endéans dix jours au pénal ;
   - endéans trente jours pour les matières du travail ;
   - endéans trente jours pour les affaires commerciales.
b. le fait, pour les juges de ne pas rendre une décision dans les mêmes délais ;
c. le fait pour un magistrat de chercher directement ou indirectement à entrer en contact avec les parties en cause avant son avis ou sa décision selon le cas ;
d. le fait de procéder à des arrestations arbitraires et détentions ;
e. le fait de ne pas informer l'inculpé ou prévenu de ses droits, conformément aux articles 17 et 18 de la Constitution ;
f. le fait pour un magistrat d'encourager et de pratiquer la torture ;
g. le fait pour un magistrat de violer les termes de son serment ;
h. le fait pour un magistrat au cours de l'instruction, de se rendre coupable de tortures ou autres traitements cruels, inhumains ou encore dégradants ou encore d'harcèlements et des violences sexuelles

Le code de conduite de l'agent public de l'Etat ainsi que le code d'éthique et de déontologie des magistrats mettent en exergue les comportements que chaque magistrat doit adopter dans l'exercice de ses fonctions et dans la conduite de sa vie privée.

La faute disciplinaire n'étant pas définie, les codes précités se contentent tout simplement de relever que la violation désormais des règles déontologiques y contenues constituent des fautes disciplinaires.

Concrètement, la faute disciplinaire est constituée à chaque fois que le comportement du magistrat entrave le bon fonctionnement du

[116] Article 47 de la loi organique portant statut des magistrats.

service ou porte atteinte à l'image, ou plus largement à la considération du service auprès du public.

Cette technique de renvoi à la violation des règles déontologiques pour tenter de définir la faute disciplinaire appelle à un raisonnement autour des rapports entre le droit disciplinaire et la déontologie. Contrairement aux règles de droit disciplinaire, les règles déontologiques ne se rapportent pas, ou à tout le moins pas directement, à une forme de responsabilité des magistrats.[117] *Obéissant à des standards très élevés, les règles déontologiques «expriment une capacité de la profession de réfléchir sur sa fonction dans des valeurs en adéquation avec les attentes du public et en contrepartie des pouvoirs attribués. »*[118] *Les règles déontologiques «devraient être conçu[e]s comme un instrument d'autocontrôle du corps, généré par lui-même, qui permet au pouvoir judiciaire d'acquérir une légitimité par l'exercice de fonctions dans le cadre de standards éthiques généralement admis.»*[119] *En d'autres termes, elles constituent une sorte d'idéal qu'une profession cherche à atteindre ou, plus prosaïquement, des « normes d'excellence » qui guident les magistrats sur la façon de se comporter.*[120]

Les décisions de chambres disciplinaires congolaises ont une portée tout à fait particulière en ce que le juge disciplinaire a un large pouvoir d'appréciation de qualification des comportements des magistrats pouvant être érigés en faute disciplinaire.

La tendance dominante est de considérer simplement la faute disciplinaire comme tout manquement, un comportement des

---

[118] CCJE, Avis n° 3, par. 4, 45. Cf. CCJE, Magna Carta des juges européens, principe 18 ; Repris par CANIVET/JOLY-HURARD (F), N 12, 14 ; KRIX (D), Réflexions, p. 58 s.

[119] CCJE, Avis n° 3, p. 49.

[120] CCJE, Avis n° 3, par. 41-43, 48 ; Rec(2010)12, par. 72 s. Cf. pour le surplus JOLY-HURARD (F), p. 17-21 et Passim ; DI FEDERICO (I), Judicial Accountability, p. 102 ss. Cf.. Cour suprême (CA), arrêt Andrée Ruffo c. Conseil de la magistrature, 1995 Can LII 49 (C.S.C.), par. 103 ss, 110, étant précisé que la Cour suprême n'opère pourtant pas à proprement parler de distinction entre règles déontologiques et disciplinaires dans le reste de l'arrêt.

magistrats contraire aux devoirs de son état, à la dignité et à l'honneur. Il découle généralement de cette position jurisprudentielle abondante et constante que la faute est un manquement à une obligation professionnelle, et ce manquement a un lien avec le service ou le comportement privé des magistrats.

Le législateur congolais a opté donc pour la non-limitation des incriminations des fautes disciplinaires des magistrats, ouvrant ainsi un large champ d'application et ce, à l'appréciation des chefs hiérarchiques de qualifier les comportements fautifs des magistrats.

L'on peut conclure par-là à l'absence du principe général de la légalité des fautes disciplinaires comme en droit pénal.

§2. Limites de la position du législateur congolais sur la notion de la faute disciplinaire des magistrats

Cette position du législateur congolais sur la notion de la faute disciplinaire des magistrats demeure critiquable à ce jour à deux niveaux. D'abord au plan du principe de la légalité des fautes disciplinaire en considération du cadre référentiel et de la juridictionnalisation de la procédure disciplinaire fortement garanties par les conventions internationales. Ensuite d'une possible classification des fautes disciplinaires en corrélation avec les sanctions prévues.

A. Principe de la légalité des fautes disciplinaires des magistrats : controverse ou tendance en vogue en droit comparé.

La jurisprudence et la doctrine considèrent généralement que le principe général de la légalité ne trouve à s'appliquer que de manière restreinte en droit disciplinaire.[121] Deux arguments, l'un théorique, l'autre pratique, sont habituellement proposés à l'appui de cette position. D'une part le rapport de droit spécial liant les magistrats à l'Etat justifierait un abaissement des exigences concernant les bases légales permettant de porter atteinte aux droits fondamentaux des

[121] Pellaton, (N), *Op.cit.* p. 162 et s

magistrats. D'autre part, l'impossibilité de définir l'ensemble des comportements répréhensibles des magistrats impliquerait que l'on doive se résoudre à n'énoncer que des règles générales des comportements. Les deux arguments, pris individuellement ou collectivement, ne convainquent pas fait remarquer Monsieur Pellaton N[122].

En Italie, le principe de la légalité des fautes disciplinaires des magistrats a été expressément consacré lors de la réforme de délégation sur la surveillance des magistrats judiciaires en 2006.[123] L'art. 1 al. 1 let. f de la Legge 25 luglio 2005, n. 150, prévoit que « [i]l *Governo e' delegato ad adottare [...] uno o più decreti legislativi diretti a [...] individuare le fattispecie tipiche di illecito disciplinare dei magistrati, le relative sanzioni e la procedura per la loro applicazione, nonche' modificare la disciplina in tema di incompatibilità, dispensa dal servizio e trasferimento d'ufficio* ».

Sur la base de la disposition prévue dans la loi précitée, a été adopté le Decreto legislativo 23 febbraio 2006, n. 109[124], disciplina degli illeciti disciplinari dei magistrati, delle relative sanzioni e della procedura per la loro applicabilità, nonché modifica della disciplina in tema di incompatibilità, dispensa dal servizio e trasferimento di ufficio dei magistrati ci-après : le « Decreto legislativo 23 febbraio 2006, n. 109 » ; D.lgs.109/06/I), dont les arts. 2 à 4 D.lgs.109/06/I définissent les infractions disciplinaires pouvant être imputées aux magistrats du siège.

Il en est de même en Espagne avec la Ley Orgánica 6/1985, de 1 de julio, del Poder Judicial (ci-après : « Ley Orgánica, del Poder Judicial » ; LOPJ/E) qui prévoit expressément le principe de la légalité des infractions disciplinaires à l'art. 414 LOPJ/E : « *[l]os jueces [...] están sujetos a responsabilidad disciplinaria en los casos y con las garantías establecidas en esta Ley* »525. Les articles. 417-

[122] Pellaton, (N), *Op.cit.* p. 162 et s

[123] Idem

[124].Article 417-419 LOPJ/E

419LOPJ/E définissent ensuite les infractions disciplinaires applicables aux magistrats du siège.[125]

La position du Conseil consultatif de juges européens (CCJE)[126]. Il est intéressant de constater que le Conseil consultatif de juges européens (CCJE) s'est prononcé sur la question de la définition des infractions disciplinaires. Le Conseil a relevé, dans son avis du 19 novembre 2002, «*que dans toutes [les] tentatives [de définir de manière détaillée les conduites pouvant justifier l'ouverture d'une procédure disciplinaire débouchant sur une forme quelconque de sanction], il est recouru à des formules générales aux contours mal définis qui suscitent des interrogations quant à l'opinion et au degré*»[127].

Ce Conseil consultatif de juges européens (CCJE) a déclaré à ce titre qu'il «*admet pleinement que des raisons précises doivent être invoquées à l'appui de toute action disciplinaire, lorsqu'une telle action est proposée ou intentée, le cas échéant. Il a par ailleurs considéré qu'il [...] revient à chaque Etat de spécifier dans ses lois quelle conduite peut donner lieu à une action disciplinaire. En effet, il a indiqué qu'il ne juge pas nécessaire en vertu du principe nulla poena sine lege ou de tout autre fondement, ni même possible, de tenter de spécifier, au niveau européen, dans des termes précis ou détaillés, la nature de toutes les inconduites qui pourraient justifier une procédure disciplinaire et des sanctions*».[128]

DUGUIT quant à lui écrit à ce propos « *qu'il y a plus d'un siècle, que la définition légale et limitative des faits pouvant constituer une « faute de service » de la part d'un agent de l'Etat était l'une des principales conditions nécessaires au passage qui n'est aujourd'hui pas encore réalisée d'une discipline interne, hiérarchique, à une*

[125] Avis consultatif du 19 novembre 2001, CCJE.
[126] Idem.
[127] Idem
[128] Idem

forme de discipline juridictionnalisée qui n'est autre que le droit disciplinaire moderne.[129]

Pour cet auteur, la réflexion relative à la question de l'évolution de la répression disciplinaire est par ailleurs indissociable de celle relative en rapport entre le droit disciplinaire et le droit pénal. Le passage à une discipline juridictionnalisée devrait entraîner la confusion de la répression disciplinaire avec la répression pénale dès lors que ces deux formes de répression sont consubstantielles : c'est au niveau de l'énumération des faits pouvant entraîné une répression disciplinaire que l'évolution est la moins avancée.

Dans toutes les législations modernes subsiste encore cette différence entre la répression pénale et la répression disciplinaire : l'une ne peut intervenir que pour un fait prévu et défini comme infraction par la loi, l'autre peut intervenir pour un fait, dont il est loisible à l'agent compétent de décider s'il constitue une faute susceptible d'entraîner une répression.

Mais l'évolution peut être complète. Il peut arriver, il arrivera un moment où pour la répression d'une faute de service, il y aura une véritable juridiction, devant laquelle se déroulera un débat contradictoire, un moment où il y aura une définition légale et limitative des faits pouvant constituer une faute de service, où enfin il y aura une énumération légale et limitative des peines pouvant être prononcées pour réprimer cette faute.[130]

Alors aucune différence ne subsistera plus entre la répression pénale et la répression disciplinaire. L'une et l'autre seront complètement juridictionnalisées, et, comme il n'y a entre elles deux aucune différence de fond, elles se confondront absolument au point de vue matériel et au point de vue formel.»[131]

En bref, la difficulté porte sur la déterminabilité des infractions disciplinaires : où situer le curseur entre la description légale et

---

[129] Duguit (L), *Traité de droit constitutionnel*, vol. 3, *La théorie générale de l'Etat – Les agents publics, le patrimoine de l'Etat, le droit et l'Etat*, 3e éd., Paris 1927/1930

[130] Idem P.58

[131] Idem..p58

l'interprétation judiciaire. En d'autres termes, il s'agit de définir quelle «marge d'indétermination légale» est admissible non seulement au regard du principe général de la légalité mais aussi au regard de la garantie de la légalité des infractions disciplinaires.[132]

B. Possible classification des comportements des magistrats pouvant être érigés en faute disciplinaire

Le droit disciplinaire des magistrats congolais ne prévoit pas la classification des fautes disciplinaires. Pourtant les sanctions consacrées sont hiérarchisées en fonction de la gravité des faits.

Il est possible face à ce vide juridique de recourir à la doctrine. En effet, du point de vue doctrinal, l'on peut retenir quatre critères afin de procéder à la classification des comportements des magistrats pouvant être érigés en faute disciplinaires.

Sur ce point, la réflexion menée par monsieur Nicolas Pellaton à travers sa thèse de doctorat soutenue à l'Université de Genève est intéressante quant à la typologie des fautes disciplinaires proposées.[133]

Quatre critères sont retenus, à savoir :

- critère temporel ;
- critère fonctionnel ;
- critère personnel ;
- et autres critères empirique et intentionnel.

1. Critère temporel : exercice des fonctions du magistrat.

Le critère temporel permet de distinguer entre les fautes disciplinaires commises durant l'exercice des fonctions du magistrat et celles commises en dehors de l'exercice des fonctions. Ce critère sert de point de départ à l'analyse.

---

[132] Pellaton, (N), *Op.cit.* p. 162 et s

[133] Idem

a. Les fautes disciplinaires commises durant l'exercice des fonctions du magistrat.

Par « fautes disciplinaires commises durant l'exercice des fonctions de magistrat», il faut entendre celles commises durant les périodes d'activités consacrées à la fonction du magistrat.

Dans ce registre des fautes disciplinaires s'inscrivent celles énumérées de façon non exhaustive à l'article 47 de la loi portant statut des magistrats, reproduit ci-dessus ayant trait à l'exercice des fonctions du magistrat.

Cependant, il y a lieu de relever que certaines de ces fautes disciplinaires liées à l'exercice des fonctions du magistrat peuvent, suivant les cas, être commises dans ou en dehors de l'exercice des fonctions. Par exemple, pour le magistrat du parquet de divulguer les informations du secret de l'instruction préparatoire ou pour le magistrat du siège de faire des déclarations publiques des affaires en cours.

b. Les fautes disciplinaires commises en dehors de l'exercice des fonctions de magistrat.

Par «fautes disciplinaires commises en dehors de l'exercice des fonctions du magistrat», on entend les fautes commises hors périodes d'activité consacrées à la fonction du magistrat.

De telles incriminations sont fondées sur la prémisse selon laquelle les magistrats, bien que bénéficiant des libertés fondamentales assurées à tout citoyen (protection de la sphère privée et familiale, liberté d'association, etc.), peuvent néanmoins voir certains aspects de leur vie privée portés à la connaissance du public, ce qui pourrait dans certains cas nuire à l'institution judiciaire.

Il faut noter que ce critère temporel n'est en principe pas déterminant vu que les fautes disciplinaires visées par l'art 47 de la loi portant statut des magistrats peuvent être commises en dehors des périodes d'activités de fonction des magistrats et vice-versa.

2. Critère fonctionnel : les rapports avec les fonctions exercées par les magistrats.

Le critère du rapport fonctionnel entre les fautes disciplinaires et l'activité judiciaire des magistrats (critère fonctionnel) constitue un second critère permettant d'affiner le critère temporel présenté ci-dessus.[134]

Par fautes disciplinaires se rapportant à la fonction du magistrat», on entend les fautes découlant des comportements ayant un lien direct ou indirect avec les fonctions judiciaires exercées par les magistrats. Le lien avec les fonctions exercées par les magistrats provient du fait que les comportements en cause, eu égard à leur nature, sont considérés comme étant incompatibles avec l'exercice de la fonction du magistrat.

Par exemple, prendre part à des réunions politiques publiques est objectivement incompatible avec l'exercice de fonctions judiciaires. Peut par exemple encore être considéré comme une faute disciplinaire se rapportant aux fonctions exercées le fait pour le magistrat d'avoir un comportement contraire au «devoir de diligence» envers les parties ou d'autres acteurs d'une procédure [135]; de se trouver dans une situation d'endettement qualifié ; de perdre un document important versé au dossier d'une procédure.

Il convient toutefois de se garder de vouloir trouver un lien avec les fonctions exercées par le seul fait que les comportements en cause sont considérés, par leur qualification disciplinaire, comme étant incompatibles avec l'exercice de la fonction du magistrat. En effet, un tel raisonnement circulaire reviendrait à considérer que l'ensemble des comportements érigés en infractions disciplinaires ont un rapport avec l'exercice de la fonction du magistrat, ce qui n'est pas forcément le cas.[136]

---

[134] Pellaton, (N), *op.cit.*, 162

[135] Pour des exemples, cf. CSM/GE, déc. CSM/475/2005, CSM/518/2007, CSM/521/2007 et CSM/595/2010 cit. par JUNOD/PERUCCHI/DENTELLA GIAUQUE, p. 61 s. Cité par Pellaton, (N)

[136] .Pellaton, (N), *op.cit.*, p168

Les infractions disciplinaires découlant de l'activité juridictionnelle des magistrats se rapportent nécessairement aux fonctions (judiciaires) exercées par ceux-ci.[137]

Par fautes disciplinaires ne se rapportant pas à la fonction du magistrat », on entend celles découlant d'activités n'ayant pas de lien avec les fonctions judiciaires exercées par les magistrats.[138] Les comportements en cause sont érigés en fautes disciplinaires en raison de leur qualification pénale ou d'autres facteurs déterminés.

Comme indiqué ci-dessus, leur incrimination disciplinaire, qui dénote une incompatibilité avec l'exercice de la fonction du magistrat ne signifie pas forcément qu'un rapport existe entre le comportement à la base des fautes disciplinaire et les fonctions exercées par le magistrat. Les types d'infractions pénales qui, ayant entraîné des condamnations pénales déterminées, sont considérés, sans égard au contenu matériel de la faute en cause, commettant automatiquement constitutifs d'une faute disciplinaire.

Suivant la nature des infractions pénales auxquelles elles se rapportent, ces fautes disciplinaires pourront dès lors ne pas avoir de rapport avec les fonctions exercées par les magistrats.

Par exemple, le magistrat coupable des violences sexuelles doit être traité indépendamment de son statut, et l'infraction disciplinaire correspondante n'a donc le cas échéant aucun rapport avec la fonction du magistrat.

Donc, il apparaît que certaines fautes disciplinaires peuvent être commises durant l'activité judiciaire des magistrats, mais ne pas être en rapport avec celle-ci. A l'inverse, des fautes disciplinaires peuvent être commises en dehors de l'exercice des fonctions de magistrat, mais être en rapport avec celles-ci.

3. Critère personnel : qualité de magistrat.

Le critère personnel distingue les fautes disciplinaires commises en qualité de magistrat de celles commises en tant que « simple citoyen».

---

137 Pellaton, (N), *op.cit.*, p162

138 Idem

Ce troisième critère, qui fait appel à un aspect volitif, permet de caractériser plus précisément encore les deux critères précédents (critères temporel et fonctionnel).[139]

Les fautes disciplinaires peuvent par exemple être commises durant l'exercice des fonctions de magistrat, être en rapport avec celles-ci, mais être le fait d'un magistrat ne se prévalant pas de son statut ou de sa fonction (Exemple : le magistrat du siège qui, durant une audience ennuyeuse, rédige et publie anonymement sur internet un projet de tract anarchiste pour un groupement politique auquel il appartient)[140]

Des fautes disciplinaires peuvent également être commises en dehors de l'exercice des fonctions du magistrat du siège, ne pas être en rapport avec celles-ci, mais être le fait d'un magistrat se prévalant de son statut ou de sa fonction (A titre exemplatif afin d'obtenir la préférence sur d'autres candidats à la location d'un appartement ; en vue d'éviter une contravention pour dépassement de la durée de stationnement autorisée.)[141].

Par «fautes disciplinaires commises par des magistrats agissant en tant que simples citoyens», on entend les fautes commises sans volonté d'apparaître en qualité de magistrat. Sont ainsi visées les fautes disciplinaires résultant d'un comportement du magistrat ne laissant transparaître aucune volonté d'apparaître ès qualités. Il est d'exemple comme l'infraction de faux en écriture commise par un magistrat agissant comme un simple citoyen que d'un magistrat agissant ès qualités.

4. Autres critères.

a. Le critère empirique : le degré des fautes disciplinaires considérées.

Un critère peut être trouvé dans le degré de gravité des faits à la base des fautes disciplinaires considérées. Une gradation

[139] Pellaton, (N), *op.cit.*, p162
[140] Idem
[141] Idem.

correspondante pourrait par ailleurs être trouvée au niveau de l'ordonnancement des fautes disciplinaires définies par la loi[142].

Ainsi, en Espagne, les articles. 416 et suivants de LOPJ/E distinguent les fautes disciplinaires légères, graves ou très graves. Une telle classification est quelque peu artificielle, mais peut offrir certains avantages. Elle constitue un moyen d'établir une corrélation entre les fautes et les sanctions disciplinaires, permettant ainsi le cas échéant de guider/cadrer l'examen de l'autorité disciplinaire dans la fixation de la sanction (cfr. article 420 LOPJ/E).

Une telle classification pourrait en outre permettre de moduler la prescription de l'action disciplinaire. En République Démocratique du Congo, cette classification des fautes disciplinaires en fonction de degré de gravité des faits n'est pas de mise. Le terme gravité est employé de façon générique uniquement par rapport à la fixation de la peine.[143]

c. Le critère de l'intention.

Un autre critère consiste à distinguer les fautes disciplinaires intentionnelles de celles commises par négligence. Cette distinction se rapproche du droit pénal. Ainsi, seul le magistrat ayant agi intentionnellement par commission ou omission devrait, sauf disposition expresse contraire, être passible d'une sanction disciplinaire.

En considération des critiques formulées ci-dessus démontrant la nécessité d'adapter la perception du législateur congolais sur la notion de la faute disciplinaire des magistrats, nous pensons qu'il s'agit de ne pas conférer à l'autorité disciplinaire un pouvoir trop étendu, dans l'appréciation des faits pouvant donner lieu à une sanction disciplinaire. En ce sens, la détermination des normes des comportements exhaustifs des magistrats et la classification des fautes en matière disciplinaire doivent être adéquatement rééquilibrés.

---

[142] Article 416 LOPJ/E

[143] Article 48 de la loi portant statut des magistrats.

SECTION 2. QUESTIONS SPÉCIFIQUES AU RÉGIME DE LA RESPONSABILITÉ DISCIPLINAIRE DES MAGISTRATS CONGOLAIS DÉCOULANT DE LA FAUTE PÉNALE ET DE LA FAUTE CIVILE.

Responsabilité ou responsabilités ? Le pluriel eût été préférable : extrême variété de l'image et du statut des magistrats, diversité des approches possibles, ambiguïté même du concept de responsabilité et des notions voisines.[144]

En effet, tout d'abord, la discipline est la partie répressive de la déontologie. Elle permet de déterminer les manquements à la déontologie réprimés par des sanctions disciplinaires. C'est à ceci que réside le régime de la responsabilité disciplinaire des magistrats. Ensuite sur le plan méthodologique, la responsabilité des magistrats peut être engagée aussi du fait découlant de la faute pénale ou de façon plus restrictive de la faute civile. De ce point de vue, il importe de vérifier la réalité et l'effectivité des principes affichés.

§1. Responsabilité pénale des magistrats congolais.

La responsabilité pénale des magistrats peut être définie de manière générale comme étant la reconnaissance de la violation par ces derniers d'une norme érigée en infraction pénale et destinée à protéger l'ordre public.

La réflexion en la matière se montre principalement intéressante en cas d'admissibilité de poursuites pénales fondées sur des faits ayant trait à l'exercice de l'activité du magistrat ou en dehors de ses fonctions.

Au rendez-vous du débat, la portée d'une éventuelle immunité pénale des magistrats pour les infractions commises dans l'exercice des fonctions judicaires dans un ordre juridique donné. L'immunité pénale étant un mécanisme de protection absolu ou relatif permettant

---

144.Goré (M). , « La responsabilité civile, pénale et disciplinaire des magistrats » *in Electronique Journal of comparative Law*, vol.11.3(December2007), http://www.ejcl.org. Pp 1-19

le cas échéant de faire échec en tout ou partie à l'application des règles de la responsabilité pénale.

En droit positif congolais, il n'y a pas lieu d'opérer le distinguo d'autant plus que le magistrat ne bénéficie d'aucune immunité d'ordre substantiel pour les infractions commises dans le cadre de son activité judiciaire. La procédure de mise en mouvement de l'action publique est identique à celle des infractions commises hors de l'exercice de ses fonctions.

En revanche quant au principe de la poursuite, il existe une immunité d'ordre procédural qui consiste à encadrer formellement toute poursuite à l'encontre du magistrat congolais. C'est que l'on qualifie de privilège de poursuite lequel s'étend également par rapport à la juridiction. Cette position est héritée de droit belge.

Le droit belge connait aussi cette forme d'immunité, qualifiée privilège de poursuite, qui réserve l'exercice de l'action contre les magistrats au Procureur général.

En effet, le magistrat ne peut être poursuivi que par le procureur général et jugé par la Cour d'appel : ce qui fait dire au rapporteur national que « ce privilège de juridiction n'est en réalité pas un privilège, car il prive le magistrat d'une instance».

C'est donc au procureur général près la Cour d'appel de décider de poursuivre, la victime ne pouvant ni mettre l'action publique en mouvement ni contester le refus de poursuivre du procureur général. Ce privilège de poursuite et de juridiction s'applique aux infractions commises dans ou en dehors de l'exercice de ses fonctions.[145]

Cette dérogation aux règles procédurales de droit commun a pour but de garantir une administration de la justice impartiale et surtout sereine. Ainsi les règles spécifiques qu'il (le privilège de juridiction) comporte en matière d'instruction, de poursuite et de jugement entendent d'éviter, d'une part, que des poursuites téméraires, injustifiées ou vexatoires soient intentées contre les personnes

[145] Goré (M), « art.cit » p.9

auxquelles ce régime est applicable et d'autre part, que ces mêmes personnes soient traitées avec trop de sévérité ou trop de clémence.[146]

La Magna Carta des juges européens[147] prévoit que le magistrat doit être responsable pénalement dans les termes de droit commun pour les infractions commises en dehors de ses fonctions [, mais que l]a responsabilité pénale ne doit pas être engagée à l'encontre d'un [magistrat] pour les faits liés à ses fonctions en cas de faute non intentionnelle de sa part.

Le Conseil consultatif de juges européens (CCJE) a estimé, concernant la question de la responsabilité pénale des magistrats du siège, que « [les magistrats du siège] qui, dans l'exercice de leurs fonctions, commettent ce qui, dans n'importe quelle circonstance, serait considéré comme un crime (par exemple, accepter des pots-de-vin)[,] ne peuvent prétendre se soustraire aux procédures pénales ordinaires […] ».

Il a néanmoins précisé que « si la pratique actuelle n'exclut pas entièrement la responsabilité pénale des [magistrats du siège] pour des manquements non intentionnels commis dans l'exercice de leurs fonctions, le [Conseil consultatif de juges européens (CCJE)] considère que l'introduction d'une telle responsabilité n'est ni généralement acceptable ni à encourager. Le[s magistrats] ne devrai[en]t pas avoir à travailler sous la menace d'une sanction financière, encore moins d'une peine de prison, menaces dont l'existence pourrait, même inconsciemment, influencer [leur] jugement.

Quant aux sanctions de la responsabilité pénale des magistrats congolais, il y a application du droit commun des sanctions : amende, peines privatives de liberté ….

Que conclure de l'incidence de la faute pénale commise par les magistrats congolais de l'ordre judiciaire et administratif sur leur responsabilité au plan disciplinaire? Deux observations peuvent résulter des arguments précédents.

---

[146] Cour d'arbitrage de Belgique, n E112/98 du 4 novembre 1998, considérant B.3 ; n E 117/98 du 18 novembre 1998, considérant B.4)

[147] Magna carta des juges européens,

Au niveau du principe, la responsabilité pénale des ces acteurs judiciaires est engagée comme celle de tout citoyen distinctement de la responsabilité disciplinaire. Et elle n'est guère remise en cause lorsque l'on se trouve en présence d'infractions commises aussi bien dans le cadre de l'exercice des fonctions du magistrat qu'en dehors de son activité et ne se rapportant pas aux fonctions exercées.[148]

Reste par la suite de tirer la conséquence de la condamnation pénale au niveau du régime disciplinaire. De prime abord pour toute infraction intentionnelle et une peine privative de liberté de plus de trois mois pour des faits pénaux répréhensifs entraine d'office la révocation des magistrats incriminés.

Le Conseil supérieur de la magistrature étant tenu de proposer ces magistrats à la révocation sur simple constatation de la condamnation. Ce qui laisse à croire à une sanction liée à la qualité particulière du magistrat qui sera prononcée comme sanction supplémentaire à la sanction générale.

Cette position du législateur se justifie par le fait que la confiance dans les magistrats est le résultat d'une vie honorable laquelle se constate par l'action et le comportement envers soi-même mais aussi envers les autres et non par des paroles.

Donc, il faut extirper du corps les magistrats condamnés pénalement parce qu'ayant été jugés indignes. Il faut épingler aussi l'assimilation directe par le législateur des incriminations pénales à la faute disciplinaire : la pratique de la torture par exemple pour arracher l'aveu d'un justiciable.[149]

Cette assimilation ne va pas sans poser problème de droit sur le plan pratique. Il est de principe que l'établissement d'une infraction est l'œuvre d'une décision judiciaire.

C'est le juge pénal qui constate qu'un comportement affiché par le magistrat est constitutif des faits infractionnels par un jugement. Il ne revient pas au juge disciplinaire de se substituer à ce juge répressif. La considération directe de certaines incriminations pénales à une

---

[148] Article 43 et 46 al 1 du code pénal congolais, livre II.

[149] Article 47 point 8 du code pénal livre II. Cette disposition légale reprend à titre illustratif la pratique de torture comme faute disciplinaire.

faute disciplinaire mettra à mal ainsi le juge disciplinaire dans sa mission consistant d'exercer uniquement le contrôle des comportements des magistrats à ses obligations déontologiques.

Va-t-il adopter l'approche du juge pénal examinant les éléments constitutifs de cette incrimination assimilée à une faute disciplinaire ? Quel sera le sort de l'action disciplinaire si le juge pénal saisi par les mêmes faits pénaux assimilés à une faute disciplinaire arrivait à acquitter les magistrats incriminés ?

La prudence oblige de s'abstenir d'assimiler directement ces incriminations pénales aux fautes disciplinaires. Il faut plutôt chercher à situer le curseur au niveau de la conséquence à tirer d'une pareille condamnation pénale sur le plan disciplinaire.

§2. Responsabilité civile : cas de prise à partie

La spécificité de la fonction juridictionnelle a toujours imposé un régime particulier de mise en œuvre de la responsabilité des magistrats qui l'exerce. Expression du pouvoir régalien, l'exercice de la justice ne pouvait emporter trop aisément la responsabilité de ceux à qui il était confié, pas plus que celle de l'Etat d'ailleurs.[150]

La responsabilité civile étant l'obligation pour les magistrats de réparer, directement ou indirectement, les dommages qu'ils ont causés à des tiers dans l'exercice de leurs fonctions. Elle couvre concrètement l'obligation des magistrats de supporter les conséquences patrimoniales d'un jugement qui se révélerait contraire au droit, ou celles liées à l'absence du prononcé d'un tel jugement dans un délai approprié.

Selon l'approche prévalant dans la tradition de droit civil, l'effet recherché par l'exercice d'une action en responsabilité civile est principalement réparateur, et non punitif. Il vise uniquement à replacer le lésé généralement le justiciable destinataire de la décision dans la

---

[150] Olivier Renard-Payen (MM), et Robineau (Y)., « La responsabilité de l' Etat pour faute du fonctionnement défectueux du service public de la justice judicaire et administrative » in *Cour de cassation.fr*.

situation patrimoniale qui aurait été la sienne si l'événement dommageable ne s'était pas produit.

En droit positif congolais, rejetant le système de responsabilité de droit commun des articles 258 à 262 du code civil livre III, les articles 59 à 64 de la loi organique n° 13/010 du 19 février 2013 relative à la procédure devant la Cour de cassation consacre un régime de responsabilité des magistrats congolais, appelé « *prise à partie* », qui permet d'engager la responsabilité personnelle des magistrats dans des cas très strictement déterminés, à savoir : - *le dol*, - *la concussion* et - *le déni de justice*.

Ce régime très restrictif ne permet la mise en jeu que de la seule responsabilité personnelle des magistrats, dans des conditions particulièrement strictes. Pour autant, l'Etat congolais, bien que non poursuivi directement devant la Cour, est considéré comme civilement responsable des condamnations en dommages et intérêts susceptibles d'être prononcées contre les magistrats. Il s'agit, en quelque sorte, d'un régime de responsabilité du fait d'autrui.

Le législateur congolais va plus loin en modifiant la loi portant statut des magistrats. Dans le cas d'espèce, la loi organique n°15/014 du 1er août 2015 a modifié et complété la loi organique n°06/020 du 10 octobre 2006 portant statut des magistrats dont l'article 1er modifie notamment l'article 61 alinéa 4 comme suit :

« *Le Conseil supérieur de la magistrature propose à la révocation sur simple constatation de la condamnation, le magistrat qui fait l'objet d'une condamnation définitive :*

- *Pour toute infraction intentionnelle ;*
- *A une peine privative de liberté supérieure à trois mois pour toute autre infraction ;*
- *A la suite d'une procédure disciplinaire de prise à partie*».

Avec la promulgation de cette loi organique n°15/014 du 1er août 2015 , laquelle fut publiée au journal officiel en date du 05 août 2015, en modification de la loi organique de 2006 portant statut des magistrats, Maître KABENGELE ILUNGA Jean-Marie [151] va saisir par sa requête du 03 février 2016 la Cour constitutionnelle, pour faire étant des différentes violation de la constitution par la loi organique modificative précitée.

Ce Praticien de droit retient notamment la violation respectivement de l'article 19 alinéa 3 et 21 alinéa 2 de la constitution par cette loi organique en ce qu'elle supprime le droit de la défense et le droit de recours.

Concrètement sans une instance disciplinaire pouvant statuer sur la responsabilité professionnelle du magistrat qui rentrerait dans l'une des hypothèses retenues par l'article 1 er de la loi organique n°15/014 du 1er août 2015, il est à craindre l'arbitraire, et cette disposition légale présente un grand danger pour la carrière du magistrat, en même qu'il est attentatoire aux droits et libertés de la personne humaine dont le magistrat.

En outre, il est hasardeux, poursuit-il, de soumettre la carrière du magistrat aux aléas de la procédure de la prise à partie qui constitue aujourd'hui, une sorte de troisième degré de juridiction dont la majorité des professionnels de la justice savent à quel point à tout prix, comment et dans quel contexte les arrêts en prise à partie sont rendus au profit des parties en désespoir de cause.

Que partant le droit de double de degré de juridiction au profit du magistrat a été supprimé, en ce qu'il est méconnu non seulement le droit de s'expliquer devant une instance disciplinaire, mais également le droit de faire appel contre la décision le proposant à la révocation, laquelle ne lui est même pas notifiée.

Ainsi, pour avoir dérogé à ces droits et principes fondamentaux érigés par la constitution, l'article 1er de la loi organique n°15/014 du 1 er août 2015 modifiant et complétant l'alinéa 4 de l'article 61 de la loi du 10 octobre2006 ne se conforme pas à la constitution.

---

[151]Requête de Maitre KABENGELE ILUNGA Jean-Marie enrôlée sous R. Const.212/216/2016 devant la Cour Constitutionnelle congolaise siégeant ne matière de contrôle de constitutionnalité. Cette Haute juridiction a rendu son arrêt le 10 juin 2016 en déclarant certaines dispositions de la loi organique de 2015 en modification de celle de 2006 portant statut des magistrats non conforme à la constitution.

La question devient intéressante dans le cadre de la procédure disciplinaire des magistrats congolais de l'ordre judiciaire et administratif. Techniquement , la préoccupation centrale autour de la problématique réside en ces termes : - Si la partie lésée opte pour la voie de la prise à partie en conformité à la procédure ordinaire devant la Cour de cassation, et que le magistrat poursuivi ait été condamné conjointement avec l'Etat au paiement des dommages-intérêts, ainsi que l'anéantissement de son œuvre, ce magistrat peut-il encore encourir une sanction disciplinaire prononcée par la chambre de discipline, pour les mêmes faits ? Dans l'hypothèse affirmative quelle sera la procédure à suivre ?

. En effet, en se référant aux obligations déontologiques contenues dans le code d'éthique et de déontologie des magistrats, la prise à partie est constitutive d'une faute disciplinaire. Le dol, la concussion et le déni de justice sont contraires aux valeurs éthiques exigées à tout magistrat.

Le débat ne se résume pas ici sur la nature de la prise à partie comme faute disciplinaire mais porte plutôt sur le mécanisme de la saisine de la chambre de discipline et de la procédure qui doit être suivie, sachant que l'action disciplinaire demeure distincte et indépendante de l'action répressive ou de toute autre de droit commun à laquelle peuvent donner lieu les mêmes faits.[152]

Au cas où le magistrat est condamné à la suite d'une procédure de la prise à partie pour concussion, dol ou déni de justice commis dans l'exercice ou à l'occasion de l'exercice de ses fonctions, la décision doit en principe être notifiée aux parties au procès, en l'occurrence la partie lésée, le magistrat concerné ct éventuellement l'Etat qui encourt une condamnation au plan des dommages et intérêts. Les dispositions en la matière ne prévoient pas formellement une notification quelconque au Conseil supérieur de la magistrature moins encore à l'autorité hiérarchique du magistrat pris à partie. La réponse est claire vu qu'ils ne sont pas partie audit procès.

[152] Article 61 de la loi portant statut des magistrats.

A l'absence de la consécration d'une telle formalité, il revient de suggérer qu'en principe, il incombe au ministre national de la justice par voie de dénonciation de saisir directement le conseil supérieur de la magistrature à travers les chambres de discipline au regard de l'implication de la responsabilité de l'Etat dans la procédure de prise à partie.

La partie lésée de l'œuvre du magistrat pris à partie peut également y procéder dans les mêmes conditions. A l'occasion, cette autorité politique et la victime doivent prendre soin de transmettre à ces organes disciplinaires la décision de la condamnation du magistrat pris à partie à titre de preuve de la faute disciplinaire.

Cette saisine par voie de dénonciation ou plainte devrait par la suite donner lieu immédiatement à une action devant l'instance disciplinaire sans passer par le constat de ladite faute par l'autorité hiérarchique de ce magistrat. La procédure disciplinaire enclenchée par voie hiérarchique, antérieure à l'audience en ce qui concerne le constat de la faute disciplinaire découlant de la prise à partie n'étant pas conforme à la lettre et à l'esprit des dispositions de la loi portant statut des magistrats.

L'affaire devant être soumise pour examen directement au juge disciplinaire qui pourra apprécier souverainement la gravité des faits et la sanction à y appliquer pourvu qu'elle se trouve dans le barème des sanctions arrêtées par la loi. Cette sanction ne sera pas forcement la révocation.

Que donc au-delà de l'anéantissement de l'œuvre ou des actes du magistrat pris à partie avec la sanction lui infligée par la Cour de cassation, ce dernier se verrait également être condamné au plan disciplinaire. Une double sanction.

Cette saisine de la chambre de discipline par dénonciation du ministre national de la justice sera considérée en quelque sorte comme une action récursoire dès lors que l'on sait que l'Etat a été condamné aux dommages et intérêts du fait de son magistrat.

CHAPITRE 6.

LES PEINES DISCIPLINAIRES

Présentée dans toutes les branches du droit, la sanction revêt une importance particulière en droit disciplinaire. La loi portant statut des magistrats prévoit quatre types de sanctions à l'encontre des magistrats. (Section I). En cette matière, il n'y a pas, à l'instar des lois pénales, de liaison directe entre le manquement et la sanction.

L'absence de barème de conversion de la faute à la peine disciplinaire conduit à la réflexion autour de la problématique des principes qui président aux modalités de la fixation des peines disciplinaires. (Section II).

SECTION 1. LISTE DES PEINES DISCIPLINAIRES

La législation congolaise en matière de la répression de la faute disciplinaire des magistrats a consacré quatre types des sanctions à infliger à ces acteurs judicaires lorsqu'ils sont reconnus coupables des manquements aux devoirs de son état, à l'honneur ou à la dignité de ses fonctions (§1). L'application de chacune des sanctions entraine les effets qui apparaissent plutôt à notre avis assimilés aux peines complémentaires. (§2*)*

§1.Echelle des sanctions disciplinaires.

Pour choisir la juste peine, l'appréciation revient aux juges disciplinaires qui doivent fixer la sanction appropriée et apporter ainsi l'essentiel des précisions nécessaires sur la faute commise par le magistrat[153]. D'où la démarche de situer d'abord la base légale et

[153] Masani Matshi, (H)., *Contentieux disciplinaire des magistrats*, Ed Massain, Tome 2, Kinshasa , 2013 p.20

d'examiner par la suite les éléments propres aux peines disciplinaires retenus par le législateur.

A. **Assiette de la matière.**

L'article 48 de la loi portant statut des magistrats dispose que suivant la gravité des faits, les peines disciplinaires sont :

- Le blâme ;
- La retenue d'un tiers du traitement d'un mois ;
- La suspension de trois mois au maximum avec privation de traitement ;
- La révocation.

A l'alinéa 3 de l'article sus-évoqué, il est signalé que le magistrat qui a subi l'une des trois premières sanctions citées ci-haut est écarté de la promotion en cours.

B. Eléments propres à chacune des sanctions.

1. Le blâme

Le blâme est une sanction prononcée par le juge disciplinaire à l'issue d'une procédure devant la chambre. Il s'agit des observations écrites formulées contre un magistrat, qui répriment son comportement fautif de peu de gravité et qui constituent une mise en garde destinée à ce qu'il ne répète plus les faits fautifs.[154]

Bien qu'étant une peine mineure, le blâme a un impact sur la carrière du magistrat. Il écarte le magistrat blâmé de la promotion en cours conformément à l'article 48, alinéa 3 de la loi organique portant statut des magistrats.

Cette peine peut causer du tort au magistrat lorsqu'en cas de récidive, elle est cumulée avec d'autres peines de blâme ou à la peine de suspension avec privation de traitement. Il est de principe général de droit en matière disciplinaire que l'accumulation des peines peut entrainer la révocation.

[154] Masani Matshi, (H)., *op.cit.* p.19

2. La retenue d'un tiers du traitement d'un mois.

Cette sanction vise le traitement des magistrats qui comprend aussi bien le salaire qu'autres avantages sociaux et ce, pour une durée d'un mois. Le magistrat condamné va continuer donc d'exercer normalement ses fonctions sauf qu'il sera privé de son traitement pendant un mois.

La loi n'opère pas la distinction sur les éléments qui constituent le traitement des magistrats. S'agit-il de salaire de base ou de gamme des avantages sociaux prévus à l'article 25 de la loi portant statut des magistrats ?

Le magistrat H. MASANI MATSHI pense qu'il y a lieu de conclure que par expression « traitement » visé par l'article 48 point 1 et 2, il faut entendre le salaire de base ou toute rémunération excepté celle prévue par l'article 25 alinéa 2 de la loi portant statut des magistrats[155].

Actuellement, le législateur n'a pas encore défini les éléments de la rémunération du magistrat. Pourquoi alors et comment en attendant la définition des éléments de traitements des magistrats, le secrétariat permanent du Conseil supérieur de la magistrature, en exécution de la décision de privation de traitement du magistrat, retient-il les traitements alors que le législateur parle de la privation de traitement ou d'un tiers de traitement et non la privation des traitements ni d'un tiers des traitements[156].

Le magistrat H. MASANI MATSHI soutient qu'en attendant cette définition des éléments de traitement des magistrats, le secrétariat permanent du Conseil supérieur de la magistrature devra défalquer la somme supposée représenter les allocations familiales pour le conjoint du magistrat et les enfants à charge, les soins de santé pour lui-même, son conjoint et les enfants à charge , l'indemnité de logement , à défaut d'être logé par l'Etat, les frais de transport, à défaut d'un

---

[155] .Masani Matshi, (H)., *op.cit.*p.21

[156] Idem.

moyen de transport de l'Etat, car ces éléments font partie des traitements du magistrat[157].

3. La suspension de trois mois au maximum avec privation de traitement

C'est une sanction résultant d'une décision de la chambre de discipline tendant d'obtenir l'exclusion temporaire du magistrat de ses fonctions pendant une période de trois mois au maximum avec son corollaire la privation du traitement. Elle est différente de la mesure conservatoire de l'interdiction de magistrat de l'exercice de ses fonctions.

Cette peine suspend pratiquement le lien du contrat-statutaire entre le magistrat condamné avec l'Etat, avec comme effet que le magistrat suspendu ne peut pas, suite à cette sanction, exercer une activité professionnelle dans le secteur privé pendant cette période d'exclusion temporaire. Il ne peut pas non plus exercer toute activité incompatible à sa profession de magistrat.

La question de privation de traitement telle que posée ci-haut demeure ambiguë face à l'absence de précision sur les éléments du traitement dont l'on doit priver le magistrat.

Le législateur qui a reconnu au salaire le caractère alimentaire n'entend pas par cette peine de priver le magistrat de tout son émolument pour vivre de la mendicité ou du brigandage, sachant pertinemment bien que ce dernier en tant que père de famille ne mérité pas d'être dépouillé totalement de son revenu mensuel, bimensuel et trimestriel[158].

4. La révocation

Il s'agit de la peine la plus grave. Elle est comme la mort civile. Elle entraine la radiation et la perte de la qualité du magistrat. La question de la révocation des magistrats devient délicate lorsque la politique s'en mêle sans observer la formalité requise pour y procéder.

[157] Masani Matshi, (H)., *op.cit.*p.18

[158] .Idem

Un cas de figure patent mérite d'être rappelé au regard des circonstances qui ont entouré, en son temps, la prise de décision de la révocation des 315 magistrats.

En effet, dans son édition du 10 octobre 2001, le Potentiel,[159] journal congolais, fait un bref rappel historique en ce qui a trait à la révocation de 315 magistrats. Qu'en est-il au juste ?

Le 6 novembre 1998, 315 magistrats civils et militaires, tous grades et fonctions confondus, ont été révoqués par le décret n° 144 sur proposition du ministre de la justice. A leur charge plusieurs griefs imprécis globalement : moralité douteuse, corruption, désertion, incompétence notoire. Mais cet acte du Président de la République, quel que soit le caractère salutaire qu'il pouvait revêtir, a été posé en violation manifeste du décret-loi constitutionnel n° 003 du 27 mai 1997 relatif à l'organisation du pouvoir en RDC et l'ordonnance-loi n° 88-056 du 29 septembre 1988 portant statut des magistrats.

Le décret-loi constitutionnel susvisé auquel le Président de la République a juré fidélité et obéissance dispose en article 6 : « Le Président de la République nomme, relève de leurs fonctions et le cas échéant révoque sur proposition du conseil supérieur de la magistrature les magistrats du siège et du parquet. De même que l'article 42 de l'ordonnance précitée stipule que « le Président de la République révoque les magistrats sur proposition du Conseil supérieur de la magistrature. »

Or, dans le cas sous examen, les 315 magistrats ont été révoqués sur proposition d'un membre du gouvernement, en l'occurrence le ministre de la justice, lequel n'est pas habilité pour ce faire. Aussi, lesdits magistrats ont été révoqués sans avoir été notifiés, chacun, de la faute retenue, à sa charge et *sans en avoir été appelé à se défendre devant le conseil supérieur de la magistrature, contrairement à l'article 43 et suivants de l'ordonnance-loi 88-056 du 28 septembre 1988.*

---

[159] Le Potentiel(Kinshasa) , 10 octobre 2001, « Cour suprême de justice : les 315 magistrats révoqués font une victime. Affaires délicates de justice. Date de consultation : 25 février 2002

Il faut noter de passage l'existence de deux types de révocation : L'une découlant de la décision de la chambre de discipline, l'autre d'office pour le cas d'une condamnation définitive pour toute infraction intentionnelle et une peine privative de liberté supérieure à trois mois pour les faits pénaux répréhensibles.[160] Cette dernière ne requiert pas une procédure disciplinaire pour révoquer le magistrat. S'agissant de la révocation d'office à la suite d'une procédure de prise à partie, la Cour constitutionnelle par son arrêt rendu le 10 juin 2016 avait dit inconstitutionnel l'article 61 alinéa 4 point 4 de la loi organique n°15/014 du 1er août 2015 modifiant et complétant la loi organique n° 06/020 du 10 octobre 2006 portant statut des magistrats dès lors que le droit de la défense du magistrat et celui d'exercer un recours apparaissent manifestement n'être pas garanti devant la juridiction disciplinaire par la disposition attaquée alors qu'ils font partie des droits et principes fondamentaux garantis par la constitution.[161]

En cas de condamnation de magistrat à la révocation par la Chambre de discipline, le Conseil supérieur de la magistrature est tenu de proposer le plus rapidement possible son dossier au chef de l'Etat pour prendre une ordonnance sanctionnant cette décision.

Cependant une inquiétude demeure dès lors que l'article 30 de la loi n°08/013 du 05 août 2008 portant organisation et fonctionnement du Conseil supérieur de la magistrature dispose à son alinéa 3 que l'appel n'est pas suspensif. Ce qui signifie qu'une fois prononcée la décision disciplinaire est exécutée et ne peut être interrompue par la voie de recours d'appel.

Autrement dit si le magistrat est condamné à la peine de la révocation par la chambre provinciale de discipline, son dossier doit immédiatement être soumis par le truchement du Conseil supérieur de

---

160 Article 61 de la loi portant statut des magistrats. Cette disposition a été modifiée par la loi organique n° 15/014 du 1 août 2015 de la loi portant statut des magistrats.

161 Arrêt du 10 juin 2016 de la Cour constitutionnelle dans l'affaire sous R. Const. 212/216/2016.

la magistrature à la sanction de l'ordonnance présidentielle pour sa révocation en dépit de son recours devant la chambre nationale.

En revanche, la difficulté résiderait lorsqu'un magistrat est révoqué dans cette condition au moment que son recours est examiné par la Chambre nationale de discipline, et si jamais la chambre nationale de discipline ne le reconnait pas coupable ou le condamne à une autre peine, quelle serait la suite si dans l'entretemps une ordonnance de révocation était intervenue ? Faudra-t-il entreprendre d'autres démarches pour l'obtention d'une ordonnance de réhabilitation ? C'est vraiment un jeu d'esprit. Le législateur doit prendre ses responsabilités pour régler cette question[162].

Il sied de souligner qu'un magistrat condamné à la proposition de la révocation par la chambre de discipline ne perd pas automatiquement la qualité de magistrat. Il doit attendre la décision de sa révocation par le Président de la République, seule autorité compétente habilitée à ce faire sur proposition du Conseil supérieur de la magistrature.

Somme toute, le magistrat est proposé à la révocation dans les cas ci-après :

- lorsqu'il est condamné à la peine de la révocation par la chambre disciplinaire ;
- En cas de condamnation définitive pour toute infraction intentionnelle et une peine privative de liberté supérieure à 3 mois pour des faits pénaux répréhensibles ;
- lorsque le juge pénal assorti expressément une condamnation d'une peine complémentaires de privation des droits civiques et civils ;
- en cas d'accumulation des peines légères due à la récidive.

§2.Effets de sanctions ou peines complémentaires

L'article 48 de la loi portant statut des magistrats ne prévoit que quatre types des peines disciplinaires, telles développées ci-haut. A son alinéa 2, *l'exclusion* à *la promotion* en cours pour le magistrat qui

[162] Masani Matshi, (H)., *op.cit.*p.p22

a subi l'une de trois premières sanctions disciplinaires rappelées ci-haut apparait plutôt comme effet de la condamnation.

Par ailleurs, à travers la lecture des autres dispositions contenues dans la loi portant statut des magistrats, certains effets comme conséquence de la condamnation disciplinaire peuvent être decelés. Il s'agit, en l'espèce :- *de la déchéance du droit de siéger* au sein des Chambres disciplinaires pour les membres du Conseil supérieur de la magistrature.

Vu sous cet angle, les effets résultant de la condamnation du magistrat à l'une de premières sanctions sont assimilés nettement aux peines complémentaires. Ce qui revient à imposer systématiquement une double sanction au magistrat sans tenir compte du principe de la gravité retenu par le législateur à titre de modalité de fixation de peine. Le législateur a été sévère à l'égard du magistrat. Comment expliquer qu'un magistrat blâmé puisse subir les mêmes effets qu'un magistrat condamné à la peine soit de la retenue d'un tiers du traitement d'un mois soit de la suspension des trois mois au maximum avec privation de traitement.

L'égalité dans la peine se traduit par « la même peine pour le même acte », tous deux définis par la loi et l'individualisation de la peine. Dans l'hypothèse où le législateur ne se montrait pas flexible, le bon sens conditionne soit de rallonger la liste en intégrant ces effets dans l'échelle des sanctions à titre de peine autonome soit d'insérer le principe de proportionnalité par rapport aux effets qui découleront des sanctions prononcées.

SECTION 2. DÉTERMINATION DE LA FIXATION DES PEINES DISCIPLINAIRES

L'absence de liaison directe de la faute à la peine disciplinaire conduit à la réflexion autour des principes qui président aux modalités de la fixation des sanctions disciplinaires.

Traditionnellement, le législateur congolais a retenu le principe de la gravité des faits pour fixer la sanction disciplinaire. Ce principe n'est pas suffisant. D'où la nécessite de recourir aux autres principes notamment celui de la proportionnalité.

§1. Principe de la gravité.

Le principe de la gravité est consacré par l'article 48 de la loi portant Statut des magistrats. Les fautes commises par un magistrat peuvent être de différents degrés. Le concept degré n'a rien d'académique puisqu'en dépendra le choix de la sanction à infliger au magistrat. De la moins grave à la plus conséquente.

Comment étayer l'existence de la gravité des faits ? Faits ou fautes renvoient-ils à la même chose.

La notion de la gravité des faits pour opérer le choix de la sanction disciplinaire renvoie à la catégorisation des fautes. Ce qui n'est pas le cas en droit disciplinaire des magistrats congolais. Pourtant en droit comparé, cette classification est possible :- la faute légère, - la faute sérieuse, - la faute grave et - la faute lourde.

En se fondant sur le principe de la gravité des faits, il devient donc impérieux pour le législateur congolais d'envisager de classer la faute disciplinaire de peur de prendre en compte des facteurs de subjectivité pour déterminer les peines.

§2. Principe de proportionnalité

Le principe de proportionnalité implique que la peine prononcée soit fonction de la gravité de la faute, de la situation du magistrat et du degré de responsabilité. Il est admis que l'exigence d'un contrôle de proportionnalité se traduit, en contentieux disciplinaire, par celle d'un entier contrôle sur le choix de la sanction. Le passage par le conseil d'Etat au contrôle maximum sur les sanctions disciplinaires infligées aux agents publics s'est d'ailleurs fait dans le prolongement de l'arrêt Vilho Eskelinen et autres C. Finlande[163]. Le débat se situe

[163] V. Note d'information sur la jurisprudence de la Cour n° 96 avril 2007. Vilho Eskelinem et autres c. Finlande (GC)- 63235/00. Arrêt 19.4.2007.

davantage sur la notion de graduation des sanctions, à la mesure de la gravité du manquement à la règle.

La sanction disciplinaire doit être proportionnée à la faute commise. A l'exception de la révocation, elle est de nature à affecter immédiatement la carrière de magistrat.

§3. Principe d'individualisation

A. Enoncé du principe

Le principe d'individualisation implique de tenir compte du degré de la responsabilité du magistrat. La sanction ne se fonde pas seulement sur l'acte en lui-même mais également sur la prise en compte de la personnalité du magistrat, surtout s'agissant des magistrats qui n'ont pas de responsabilité, ainsi que le contexte dans lequel la faute a été commise.

Les punitions ou sanctions collectives sont donc prohibées. Outre le fait qu'elles sont illégales, leur finalité éducative ne serait pas atteinte. Il s'agit, en effet, de mettre le magistrat en situation de s'interroger sur sa conduite et les conséquences de ses actes.

B. Faits d'indiscipline commis en groupe.

Le principe de l'individualisation n'est toutefois pas exclusif de sanctions prononcées à raison de faits commis par un groupe des magistrats identifiés qui, par exemple perturbent l'image du corps. Il convient d''établir, dans toute la mesure du possible, les degrés de responsabilité de chacun afin d'individualiser la sanction, ce qui n'exclut pas qu'elle soit identique pour plusieurs magistrats. Dans L'hypothèse d'incidents impliquant plusieurs magistrats, la Chambre de discipline peut notamment jouer son rôle d'une réponse éducative personnalisée.

§4. Cumul des sanctions en cas de plusieurs fautes

Le principe est qu'aucun magistrat ne peut faire l'objet de plusieurs sanctions pour un même fait. Cette règle ne fait pas obstacle à la prise en compte des faits antérieurs pour apprécier le degré de la sanction qui doit être infligée à un magistrat en cas de nouvelle faute. Selon le principe « *non bis in idem* », une même faute commise par un magistrat ne peut faire l'objet de deux sanctions successives. Le prononcé d'une sanction fait perdre à l'autorité disciplinaire le droit de réprimer un fait fautif, qu'elle ait été appliquée ou non.

En d'autres terme, une sanction disciplinaire doit prendre en compte tous les faits connus au moment du prononcé de sanction, car aucun autre fait antérieur ne pourra été sanctionné ultérieurement. La Cour de cassation[164] a ainsi confirmé sa position sur l'épuisement du pouvoir disciplinaire pour la globalité des faits dont l'autorité disciplinaire avait connaissance lors de la première sanction. Cela ne remet néanmoins pas en cause la possibilité de sanctionner tout manquement dont l'autorité disciplinaire aurait eu postérieurement à la sanction prononcée, ni d'invoquer à l'appui d'une sanction des griefs anciens, déjà sanctionnés, lorsque le magistrat persiste dans son comportement fautif.[165]

La sanction peut être aggravée en cas de récidive, la Chambre disciplinaire peut invoquer une faute de même nature déjà sanctionnée pour prononcer une sanction aggravée. Pour cela, il faut que le magistrat ait réitéré le ou les faits fautifs.

---

[164] .Non-cumul des sanctions disciplinaires : interprétation extensive par la Cour de cassation. La Cour de Cassation s'est récemment prononcée sur l'exercice du pouvoir disciplinaire lorsque l'employeur est averti d'une pluralité de faute d'un salarié. Arrêt du 25 septembre 2013(n° 12-12.976)

[165]La confirmation de la conception extensive du non-cumul des sanctions disciplinaires (Mouly jean, droit social, Paris n°11(Nov. 2013)955-956

TITRE IV.

DROIT DISCIPLINAIRE PROCESSUEL DES MAGISTRATS CONGOLAIS

Le contrôle disciplinaire intervient lorsque les magistrats manquent aux devoirs de son état, à l'honneur ainsi qu'à la dignité de ses fonctions. L'action disciplinaire sous l'influence de la loi organique n° 06 /020 du 10 octobre 2006 telle que modifiée portant statut des magistrats congolais a pris l'allure d'un véritable procès devant une juridiction organisée en chambre, laquelle est indépendante et impartiale.

En vue d'aboutir à une décision de sanction disciplinaire à l'encontre des magistrats fautifs, le législateur congolais a défini les règles à suivre dans la conduite du procès. Ces règles de droit s'imposent aussi bien aux magistrats poursuivis, aux plaignants et aux juges disciplinaires. Ce qui constitue pour les magistrats incriminés une garantie procédurale très suffisante.

L'examen de ces règles de procédure débute généralement par le constat d'une faute disciplinaire commise par le magistrat, faute qui doit être constatée par l'autorité habilitée de par la volonté du législateur. Après que cette autorité ait posé tous les actes rentrant dans le cadre de ses attributions, elle pourra décider de la suite à réserver à l'action disciplinaire (chapitre7).

L'organisation et la composition de la chambre appelée à connaitre de l'action suivant les règles établies s'inscrira dans une logique d'instance disciplinaire.(Chapitre 8) Le magistrat condamné non satisfait de la décision dispose de voies de recours.(Chapitre 9) . Reste alors la question de savoir comment les décisions de la Chambre disciplinaire sont –elles exécutées ? (Chapitre 10).

CHAPITRE 7.

DU CONSTAT DE LA FAUTE AUX MODALITES DE CLOTURE D'UN DOSSIER DISCIPLINAIRE

La procédure antérieure à la saisine de la chambre renvoie à la phase qui précède l'instance disciplinaire. Elle s'ouvre par le constat de la faute disciplinaire commise par les magistrats. Et ce constat est fait par les chefs de juridiction et d'office dont dépendent les magistrats poursuivis. Du constat interviendra alors l'ouverture d'une enquête disciplinaire au cours de laquelle une mesure conservatoire d'interdiction peut être prise à l'encontre des magistrats incriminés.

A la clôture de l'enquête, les magistrats désignés à cette fin rédigent les rapports à soumettre aux autorités qui les ont mandatés pour accomplir cette mission. Toutefois cela n'empêche pas que les chefs de juridiction et office puissent eux-mêmes pourvoir à ces devoirs d'enquête et ce, sans procéder à la désignation des magistrats enquêteurs.

SECTION 1. CONSTAT DE LA FAUTE DISCIPLINAIRE : PROCÉDURE INITIÉE PAR LES CHEFS DE JURIDICTION ET D'OFFICE.

Il importe d'indiquer les personnes qui sont habilitées à constater les fautes disciplinaires commises par les magistrats et par quelle voie doivent-elles faire ce constat.

§1. Base légale

L'article 50 de la loi organique du 10 octobre 2006 portant statut des magistrats telle que modifiée à ce jour dispose que : « les chefs de juridiction et d'office des parquets constatent toute faute disciplinaire commise par les magistrats placés sous leur autorité.

Ils constatent en outre toute faute disciplinaire commise par les chefs de juridiction et par les chefs d'offices des parquets inférieurs selon le cas.

Les magistrats membres de l'inspectorat général peuvent constater toute faute disciplinaire commise par tout magistrat de grade égal ou inférieur du magistrat instrumentant.

Les fautes disciplinaires commises par les premiers présidents de la Cour de cassation ou du Conseil d'état sont constatées par les Procureurs généraux près ces juridictions. Celles commises par ces deniers par les Présidents des juridictions près ces offices. Cette disposition s'applique mutandis aux magistrats militaires. »

§2. Autorités habilitées à constater les fautes disciplinaires

De l'examen de l'article 50 de la loi précitée, il y a lieu de retenir trois catégories uniquement des personnes auxquelles la loi a conféré le pouvoir de constater une faute disciplinaire commise par un magistrat. Il s'agit, en l'occurrence de :

- Chefs de juridiction ;
- Chefs d'office des parquets ;
- Les magistrats de l'inspectorat général.

Cette compétence étant d'attribution, c'est-à-dire qu'elle est déterminée par la loi. Il doit s'agir des personnes sus-indiquées. Le droit public est un droit foncièrement sensible aux questions de compétence.[166]

1. Chefs de juridiction habilités à constater les fautes disciplinaires.[167]

- Le premier président de la Cour de cassation constate les fautes disciplinaires commises par les présidents et les conseillers de

[166] Caille (P)., *Contentieux administratif*, 3 éd , Editions juridiques franco-allemandes, 2018. p.89.

[167] CSM, *Guide pratique de procédure disciplinaire des magistrats*,, op.cit., p41

ladite Cour ainsi que les premiers présidents des cours d'appel et le Procureur général près de cette cour ;

- Le premier président du Conseil d'Etat constate les fautes disciplinaires commises par les présidents et conseillers du Conseil d' Etat ainsi que les premiers présidents des Cours administratives d'appel et le procureur général près cette juridiction ;
- Le premier président de la Haute cour militaire constate les fautes disciplinaires commises par les présidents, conseillers de la dite Cour ainsi que les premiers présidents des cours militaires et l'auditeur général des Forces armées de la République démocratique du Congo ;
- Le premier président de la Cour d'appel, il constate les fautes disciplinaires commises par les présidents et les conseillers de la cour d'appel et les présidents des tribunaux de grande instance ;
- Le premier président de la cour administrative d'appel constate les fautes disciplinaires commises par les présidents, les conseillers de ladite cour et les présidents des tribunaux administratifs ;
- Le premier président de la cour militaire constate les fautes disciplinaires commises par les présidents, les conseillers de cette cour et les présidents militaires de garnison ;
- Le président du tribunal de grande instance constate les fautes disciplinaires commises par les juges du tribunal de grande instance et les présidents des tribunaux de paix de ressort ;
- Le président de tribunal pour enfant constate les fautes commises par les juges dudit tribunal ;
- Le président de tribunal de travail constate les fautes disciplinaires commises uniquement par les juges de carrière dudit tribunal ;
- Le président de tribunal de commerce constate les fautes disciplinaires commises par les juges permanents et les juges consulaires de cette juridiction ;
- Le président de tribunal administratif constate les fautes disciplinaires commises par les juges de cette juridiction ;

- Le président du tribunal militaire de garnison constate les fautes commises par les juges de cette juridiction et les présidents des tribunaux militaires de police ;
- Le président du tribunal paix constate les fautes disciplinaires commises par les juges de paix.

2. Chefs d'offices habilités à constater les fautes disciplinaires[168].

- Le procureur général près la Cour de cassation constate les fautes disciplinaires commises par les premiers avocats généraux, les avocats généraux près la Cour de cassation et les Procureurs généraux près les cours d'appel. Aussi il constate les fautes disciplinaires commises par le premier président de la Cour de cassation ;
- Le procureur général près le Conseil d' Etat constate les fautes disciplinaires commises par les premiers avocats généraux, les avocats généraux et les procureurs généraux près les cours administratives d'appel ;
- L'auditeur général des Forces armées constate les fautes disciplinaires commises par les premiers avocats généraux, les avocats généraux et les auditeurs supérieurs militaires et le premier président de la Haute cour militaire ;
- Le procureur général près la cour d'appel constate les fautes disciplinaires commises par les avocats généraux, les substituts du procureur général et les procureurs de la République de son ressort ;
- Le procureur général près la cour administrative d'appel constate les fautes disciplinaires commises par les avocats généraux, les substituts du procureur général et les procureurs de la République près les tribunaux administratifs de son ressort ;

---

[168] CSM(RDC), *Guide pratique de procédure disciplinaire des magistrats,, op.cit.*, p42

- L'auditeur militaire supérieur constate les fautes disciplinaires commises par les avocats généraux, les substituts de l'auditeur militaire supérieur et des auditeurs militaires de garnison.
- Le procureur de la République constate les fautes commises par les premiers substituts du procureur de la Républiques et les Substituts du procureur de la République. Il constate également les fautes disciplinaires commises par les chefs de parquet près les tribunaux de paix de son ressort.
- Le procureur de la République près les tribunaux administratifs constate les fautes disciplinaires commises par les premiers substituts du procureur de la Républiques et les substituts du procureur de la République près ladite juridiction ;
- L'auditeur militaire de garnison constate les fautes disciplinaires commises par ses premiers substituts et ses substituts ;
- Le chef du parquet près le tribunal de paix constate les fautes disciplinaires commises par les magistrats placés sous son autorité.

3. Les magistrats membres de l'inspectorat général.[169]

Les magistrats membres de l'inspectorat général peuvent constater les fautes disciplinaires commises par tout magistrat.

Ils ne disposent pas cependant le pouvoir de fixer la cause devant les chambres de discipline. Ils doivent faire rapport au ministre de la justice de qui ils dépendent, ou au premier président de la Cour de cassation, au premier président du Conseil d'Etat ou aux procureurs près ces juridictions, selon le cas s'ils étaient mandatés par ces derniers d'accomplir le devoir d'enquête.

L'article 50 de la loi portant statut des magistrats appelle quelques observations ci-après :

- Le pouvoir de constater les fautes disciplinaires commises par les magistrats ne revient pas à tous les magistrats. Cette

[169] CSM, *Guide pratique de procédure disciplinaire des magistrats*,, op.cit., p43

prérogative est reconnue qu'aux seuls chefs de juridiction, chefs d'office des parquets et les membres de l'inspectorat général.

Ainsi par la Décision n° CSM/EQ/RD 001 du 11 décembre 2012, la Chambre provinciale de discipline de l'Equateur a rappelé que *la compétence étant d'attribution, le Premier président de la Cour Militaire, qui constate la faute disciplinaire commise par un juge du tribunal militaire de garnison, aurait dû donner l'ordre au Président du tribunal militaire de garnison de le faire. Le défaut par lui de la faire énerve l'esprit de l'article 50 du statut des Magistrats et emporte l'irrecevabilité de son action disciplinaire*[170].

- Les autorités habilitées peuvent constater les fautes disciplinaires commises par les magistrats sous leur autorité :
  - d'office ;
  - sur réquisition de leurs supérieures hiérarchiques ;[171]
  - sur réquisition de l'Observatoire du Code d'Ethique Professionnelle ;[172]
  - sur base de la dénonciation du ministre de la justice et la plainte émanant de toute personne intéressée.

Le ministre national de justice et de garde de sceaux et les particuliers jouissent de droit de saisir directement la chambre de discipline par voie de citation directe. Il demeure aussi possible qu'ils puissent saisir le chef hiérarchique de magistrat dont le comportement est mis en cause.

---

[170] Dans cette affaire, il se dégage que c'est le premier président, chef du ressort qui constate la faute disciplinaire à la place du président du tribunal militaire de garnison sous l'autorité de qui ce magistrat preste en qualité de juge. La chambre a fait la distinction entre « le chef de juridiction » et « le chef de ressort ». L'application de l'article 50 du Statut des magistrats s'impose aux juridictions civiles et militaires.

[171] Article 30 du décret-loi n°017/2002du 3 octobre 2002 portant conduite de l'agent public de l'Etat.

[172] Article 30 du décret-loi n°017/2002du 3 octobre 2002 portant conduite de l'agent public de l'Etat.

Cependant la pratique de la dénonciation du comportement indigne des magistrats auprès de leurs chefs hiérarchiques par le ministre de la justice et les particuliers est rare. Ils préfèrent directement attraire le magistrat devant la chambre de discipline pour éviter une certaine connivence entre les chefs de juridiction et d'office avec le magistrat poursuivi.

§3. Forme de constat d'une faute disciplinaire

Les fautes disciplinaires commises par les magistrats sont constatées sur un *procès-verbal* dressé par les autorités légales précitées. Les mentions que doivent figurer dans ces procès-verbaux de constat de faute disciplinaire ne sont pas indiquées par le législateur.

Néanmoins, en s'inspirant du droit commun et des exigences du respect au droit à un procès équitable telles qu'elles se dégagent notamment de la lecture de l'article 14 du Pacte international relatif aux droits civils et politiques, pour être réguliers, les procès-verbaux de constat des fautes disciplinaires devraient comporter au moins les mentions relatives suivantes [173] :

- A leurs auteurs et à leurs qualités (les auteurs devraient veiller à apposer leur signature sur les procès-verbaux) ;
- Aux magistrats accusés d'avoir commis des fautes disciplinaires ;

-A la date de leur établissement ;

- Aux faits précis reprochés aux magistrats, y compris le lieu, les dates et les témoins s'y rapportant, s'il y a lieu.

Ce procès-verbal de constat de faute disciplinaire est établi en six exemplaires répartis comme suit [174]:

---

[173] CSM. , *Guide pratique de procédure disciplinaire des magistrats. Op.cit.* p 44

[174] Article 51 de la loi portant statut des magistrats.

- Deux exemplaires sont immédiatement transmis à l'autorité habilitée à saisir la chambre du Conseil supérieur de la magistrature siégeant comme organe disciplinaire au premier degré ;
- Un exemplaire est remis au concerné par celui qui a constaté la faute disciplinaire ;
- Un exemplaire est envoyé au chef hiérarchique de celui qui a constaté la faute disciplinaire ;
- Un exemplaire est envoyé au Secrétariat permanent du Conseil supérieur de la magistrature ;
- Un exemplaire est envoyé, selon le cas, au premier président de la Cour de cassation, du Conseil d'Etat ou aux procureurs généraux près ces juridictions.

Par quel mécanisme le PV de constat des fautes disciplinaires est-il remis au magistrat mise en cause ?

Une certaine opinion soutient que la procédure de la notification de PV au magistrat vise à permettre à la personne sur qui est suspendue l'épée de Damoclès d'une sanction disciplinaire de savoir ce qui il lui est reproché et de pouvoir préparer ses moyens de défense. L'autorité administrative ne peut pas agir à l'insu de l'intéressé que l'agent contre qui une action disciplinaire est ouverte a le droit d'être informé des griefs formulés contre lui. A cet effet, aucun document ne peut être utilisé contre lui sans qu'il en ait au préalable pris connaissance. Cette notification obligatoire doit se faire par écrit.[175]

La chambre de discipline ne peut pas trouver pour argument la notion de la présomption de la connaissance des faits au travers la demande d'explication. L'absence du PV de constat de faute disciplinaire dans le dossier entraine l'irrégularité de la procédure.

La pratique de la demande d'explication par certains chefs de juridiction et office aux magistrats présumés fautifs n'est pas prévue actuellement dans le cadre de la procédure disciplinaire des magistrats

---

[175] Kabange Ntabala, (C). *Droit administratif*, Tome I, Imprimeries Vina, Kinshasa, 1997, p183.

congolais. Elle est contraire à l'esprit de la loi. Elle ne figure pas donc parmi les étapes de l'enquête disciplinaire.

SECTION 2. LES ENQUÊTES DISCIPLINAIRES

Aux termes de l'article 52, alinéa 1er de la loi organique portant statut des magistrats telle que modifiée à ce jour : « *Tout constat de faute disciplinaire est suivi de l'ouverture d'une enquête.* »

En effet, l'ouverture d'une enquête est une obligation légale dans la mesure où elle permet de réunir les éléments susceptibles ou non de conclure à la responsabilité disciplinaire des magistrats poursuivis.

Quel sera le contenu de cet acte d'ouverture d'une enquête ? Le législateur congolais prévoit-il le délai de conduite de ladite enquête ? Le rapport des magistrats enquêteurs doit-il prendre quelle forme ? Et quels sont les éléments censés contenir ce rapport ?

Telles sont les questions principales qui nécessitent une certaine clarification. Bien avant, il incombe d'une part d'identifier les personnes habilitées à mener ces enquêtes et d'esquisser les pouvoirs détenus par elles d'autre part.

§1. Personnes habilitées à mener les enquêtes : Chefs de juridiction ou office et tous magistrats désignés comme enquêteurs par les autorités à titré

Au regard de la loi portant statut des magistrats, les chefs de juridiction et d'office qui a constaté la faute disciplinaire dans le chef d'un magistrat désignent un autre magistrat qui doit mener les enquêtes. Ce dernier doit être d'un grade supérieur ou égal à celui du magistrat mis en cause.[176]

Les chefs de juridiction ou d'office peut également lui-même mener ces enquêtes, s'ils estiment nécessaire ou pour éviter l'influence du magistrat fautif au cas où il serait préseant par rapport aux autres magistrats de la juridiction ou de l'office. Et cette enquête faite par lui-même ne viole en rien la procédure disciplinaire ;

176 .Art.52, alinéa2 de la loi organique portant statut des magistrats.

l'article 52 al 2 du statut des magistrats ayant utilisé le verbe pouvoir en ce qui concerne la désignation d'un enquêteur.

La préoccupation sous forme d'exception a été soumise par le magistrat M.B devant la chambre provinciale de discipline de Kananga. Ce magistrat a souligné le fait que le chef de juridiction lui-même qui a constaté la faute et a procédé à son audition ainsi que sa traduction devant la chambre disciplinaire, rendait toute procédure suspecte partant irrégulière.

Rencontrant ce moyen, la chambre avait noté que *l'article 52 de la section 2 relative à la procédure disciplinaire, de la même loi donne la possibilité en utilisant le verbe « pouvoir » à ces mêmes autorités de designer un magistrat au moins égal à celui de Magistrat mis en cause pour accomplir les devoirs d'enquête.*[177]

Les magistrats membres de l'inspectorat général peuvent être chargés par le premier président de la Cour de cassation, du Conseil d'Etat ou par les procureurs généraux près ces juridictions, selon le cas, d'accomplir des devoirs d'enquête qu'ils déterminent à charge de tout magistrat[178].

Pour les fautes disciplinaires commises soit par les premiers présidents de la Cour de cassation ou du Conseil d'Etat soit les procureurs généraux près ces juridictions, le président du Conseil supérieur de la magistrature désigne un président de la Cour de cassation, du Conseil d'Etat ou un premier avocat général près ces juridictions.[179]

Pour les magistrats militaires, le premier président de la Haute Cour militaire et l'auditeur Général des forces Armées, selon le cas peuvent être designer comme enquêteurs par le premier président de la Haute cour militaire, l'auditeur général des forces armées eux-mêmes ou tout magistrat de rang égal ou supérieur à celui des magistrats mis en cause.

---

177 Décision CSM/K.OCC/RD 001 du 07/05/2011.

178 Article 52, alinéa 3 du statut des magistrats.

179 Article 52, alinéa 4 du statut des magistrats.

§2. Les pouvoirs d'enquête du magistrat enquêteur

L'ouverture de l'enquête n'oblige pas aux magistrats désignés à cet effet d'établir un procès-verbal y relatif.[180] Le PV de constat de fautes disciplinaires suffit pour enclencher l'action disciplinaire.

Au cours de l'enquête, le magistrat incriminé peut faire l'objet d'une mesure conservatoire de l'interdiction de l'exercice de ses fonctions.

Le magistrat désigné pour mener les enquêtes dispose des pouvoirs suivants :

- Auditionner le magistrat présume fautif ;
- Entendre les plaignants s'il y a lieu ;
- Entendre tous les témoins s'il y a lieu ;
- Accomplir ou fait accomplir tous les actes d'investigation utiles ;
- Condamner les témoins défaillants.
-

A. Missions du magistrat enquêteur

1. Audition du magistrat présumé fautif

Pour faire comparaitre les magistrats présumés fautifs, la loi ne détermine pas la nature de l'acte à décerner à son égard. Une invitation serait palliative. Aussi, rien n'est renseigné par rapport à l'assistance de magistrat mise en cause au niveau de la phase antérieure de la saisine de la chambre disciplinaire.

Dans la pratique, à cette phase, il se fait assister devant le magistrat enquêteur uniquement par un avocat. Pourtant devant le juge

[180] Dans sa motivation, le juge de la chambre provinciale de discipline de Bukavu par rapport à ce moyen de l'absence au dossier de PV d'ouverture d'enquête, avait relevé que ce PV est une superflue car non prévu dans la procédure disciplinaire. *V.* Décision CSM/SK/RD 002 du 3 février 2012. Aff. Le CSM C. La Magistrate N.N (1 er Substitut du procureur de la République près le TGI de Bukavu.

disciplinaire, la loi reconnait au magistrat incriminé lorsqu'il a exprimé son vœu de se faire assisté de recourir soit à un avocat soit à son collègue magistrat.[181] La procédure disciplinaire débutant à partir du constat de la faute disciplinaire, il serait souhaitable que le magistrat poursuivi soit au stade de l'enquête faite devant le magistrat enquêteur assisté s'il désire par son collègue magistrat.

Il peut arriver que le magistrat enquêteur se doive d'auditionner le magistrat fautif, mais qui refuse de comparaitre en dépit des actes de procédure (invitions ou tout document) lancés à son égard, lui exigeant de comparaitre pour être entendu sur procès-verbal. Le magistrat enquêteur doit dans pareil cas par prudence lancé ces actes de procédure au moins trois fois pour s'assurer que réellement le magistrat poursuivi refuse de se présenter, et se prémunir de la preuve que ledit magistrat était atteint par ces actes de procédure, mais a refusé de comparaitre. Et il doit prendre soin lors de la rédaction de son rapport de faire état.

L'absence d'éléments principaux d'enquête tel que l'audition du magistrat poursuivi fait échec à l'instruction de l'affaire devant la chambre de discipline car la chambre doit respecter les droits du magistrat à un procès équitable. Il a été jugé par la chambre provinciale du Sud-Kivu que la non audition du magistrat X par le magistrat enquêteur est une violation de l'article 53 al 1 de la loi portant statut des magistrats et cette irrégularité prive ce magistrat de son droit à un procès équitable et rend impossible l'examen des faits reprochés au magistrat quant au fond[182].

2. Entendre les plaignants et les témoins , s'il y a lieu

Les particuliers peuvent saisir les chefs hiérarchiques des magistrats placés sous leur contrôle pour constater la faute disciplinaire. Dans cette hypothèse, le magistrat enquêteur a le

---

[181] Le magistrat cité est tenu de comparaitre en personne. Il peut se faire assister par avocat ou un autre magistrat de son choix. » (Art 58 al 2 de la loi organique portant Statut des magistrats.)

[182] Décision CSM/SK/ RD 003 du 23 mars 2012.

pouvoir de leur inviter afin d'apporter des éléments de preuve quant leur allégations.

La loi est muette quant à l'assistance des particuliers par un conseil. Leur désistement également à cette phase antérieure de l'audience est inopérant. L'enquêteur doit poursuivre avec les enquêtes pour établir son rapport.

Dans la plupart de cas, les particuliers saisissent directement la Chambre de discipline afin de contourner une éventuelle connivence entre le chef hiérarchique et le magistrat concerné.

A ce niveau, le magistrat enquêteur peut aussi entendre les témoins lesquels peuvent être cités selon le cas par le magistrat incriminé ou les particuliers. Et pour besoin d'éclairer sa lanterne, il peut prendre l'initiative d'appeler toute personne en qualité de témoin ou de renseignant.

Les articles 18 à 20 du code de procédure pénale sont applicables mutatis mutandis aux témoins défaillants.

3. Accomplir ou faire tous les actes d'investigation utiles.

Le magistrat enquêteur accomplit ou fait accomplir les actes d'investigation utiles. Ce pouvoir est large et de nature à prêter confusion. Il a été abusivement utilisé par le chef hiérarchique dans le ressort de la cour d'appel de Kisangani. Cette autorité dans une affaire concernant la discipline des magistrats a fait intervenir l'inspecteur judiciaire, personne étrangère au corps. La Chambre provinciale de discipline de Kisangani avait écarté les procès-verbaux établis par sieur AL.H de la police judiciaire des parquets de Kisangani lesquels ne sauront soutenir le débat.[183]

Cette prérogative signifie que le magistrat enquêteur n'est pas obligé d'accomplir personnellement les devoirs d'enquête, il peut solliciter le concours de ses collègues pour lui prêter main forte.

[183] Décision CSM/P.OR/RD 015 du 14 février 2013.

B. Mesure conservatoire : de l'interdiction de l'exercice des fonctions des magistrats poursuivis

Aux termes de l'article 54 alinéa 1 de la loi organique portant statut des magistrats telle que modifiée à ce jour, les autorités visées par cette disposition légale peuvent, si les faits leur paraissent graves, interdire, à titre conservatoire, le magistrat poursuivi, de l'exercice de ses fonctions et ce, jusqu' à la décision définitive.

Il faut souligner la tentative de conférer dans la perspective de la modification de la loi organique portant statut des magistrats en cours à l'inspecteur général des services judiciaires et pénitentiaires ou à l'inspecteur provincial de ces services ce pouvoir d'interdire le magistrat de l'exercice de ses fonctions. La reconnaissance de pouvoir d'interdire à ceux-ci ne se justice pas dès lors que les magistrats poursuivis ne sont pas directement placés sous leur autorité. L'idéale pour eux serait de se référer à leur chef hiérarchique pour la prise d'une telle décision.

Dans la pratique la plupart des chefs de juridiction et d'office des parquets recourent abusivement à cette mesure d'interdiction au point de la conférer la face d'une sanction disciplinaire à infliger aux magistrats.

Le Premier président de la Cour suprême de justice et Président du Conseil supérieur de la magistrature monsieur Jérôme KITOKO KIMPELE, par la circulaire d'organisation judiciaire relative à l'interdiction à titre conservatoire d'un magistrat avait constaté « *comme ce fut à une assemblée générale du Conseil supérieur de la magistrature que certains chefs de juridiction et offices des parquets , se servant de deux dispositions légales ci-haut , abusent de la mesure conservatoire d'interdiction d'exercer ses fonctions d'un magistrat, soit par saut d'humeur, soit pour affirmer leur autorité, soit enfin pour se venger contre un ou plusieurs magistrats*».[184]

Les dénonciations sont faites de même par les magistrats par rapport à l'instrumentalisation de cette procédure disciplinaire, utilisée

[184] Circulaire d'organisation judiciaire relative à l'interdiction à titre conservatoire d'un magistrat

par certains chefs de juridiction et d'office pour inciter à la docilité des magistrats placés sous leur autorité.

Il devient donc important de circonscrire la nature juridique de cette mesure d'interdiction, les conditions de sa mise en œuvre et enfin des questions spécifiques qui peuvent être soulevées autour de son applicabilité.

1. La nature juridique de l'interdiction de l'exercice des fonctions de magistrat.

L'examen de l'article 54 de la loi portant statut des magistrats indique que cette mesure peut être prise, *à titre conservatoire*, à l'encontre d'un magistrat faisant l'objet d'une enquête disciplinaire et ce, lorsque les faits lui reprochés sont d'une certaine gravité.

L'interdiction est donc une mesure de précaution poursuivant deux objectifs, à savoir :

- sauvegarder l'honneur et l'image du corps de la magistrature et ce, en empêchant momentanément le magistrat poursuivi de continuer d'exercer ses fonctions parce qu'ayant commis une faute disciplinaire jugée assez grave par les chefs de juridiction et d'office.

  Il s'agit en quelque sorte de *présomption de culpabilité* dont les éléments en présence peuvent laisser croire à la commission d'un acte qui a terni l'image du corps professionnel auprès de la société.

- empêcher que le magistrat n'influe par sa présence sur le lieu de travail au processus des enquêtes disciplinaires.

Il appert de relever ici que la loi ne détermine pas les faits graves susceptibles de motiver une mesure d'interdiction des magistrats.

Dans la pratique malheureusement, l'appréciation de la gravité des faits revenant aux chefs de juridiction et d'office trouve son fondement pas forcement sur des éléments objectifs. La subjectivité prenant de fois place dans la prise de cette décision. C'est pourquoi, il faut faire remarquer que dans les juridictions et offices, les magistrats sont systématiquement interdits de leur fonction et ce, sans qu'il y ait aboutissement des enquêtes. Cette mesure devient comme une arme dont les chefs de corps recourent pour imposer leur pouvoir hiérarchique

Pour éviter la subjectivité de recourir abusivement à cette mesure par les autorités visées par l'article 54 de la loi organique portant statut des magistrats, il y a lieu de retenir les critères qui tiennent [185] :

- à la nature des faits ;
- aux circonstances qui les entourent et ;
- et au contexte dans lesquels ils sont intervenus.

.

La décision d'interdiction est donc une mesure conservatoire que l'on saurait assimiler à une peine disciplinaire. Elle ne figure pas dans l'échelle des sanctions prévues par la loi.

Quelles sont les conditions de sa mise en application ?

2. Les conditions de la mise en application de la mesure d'interdiction.[186]

Les mesures d'interdiction ne peuvent être prises que par des autorités bien déterminées, lesquelles doivent respecter à leur tour les conditions de fond et de forme consacrées par la loi.

[185] Voir Tableau des critères de la gravité des faits susceptibles de motiver une interdiction. CSM(RDC), *Guide pratique de procédure disciplinaire des magistrats. Op.cit.* p.53

[186] CSM (RDC), *Guide pratique de procédure disciplinaire des magistrats, op.cit.*, p 53 et 54.

a. Autorités compétentes.

Les autorités compétentes sont énumérées par l'article 54 de la loi sus-évoquée qui sont suivantes :

- Le président du Conseil supérieur de la magistrature ;
- Les chefs de juridiction des magistrats poursuivis ;
- Les chefs d'office de parquets des magistrats poursuivis.

b. Conditions de fond de l'interdiction.

L'interdiction ne peut être décidée que lorsque les conditions de fond suivantes sont réunies :

- un constat de faute disciplinaire à charge des magistrats mis en cause doit avoir été fait ;
- Ledit constat doit avoir été suivi de l'ouverture d'une enquête disciplinaire en cours ;
- les faits reprochés aux magistrats poursuivis doivent revêtir une certaine gravité des faits.

c. Conditions de forme de l'interdiction.

L'interdiction doit respecter les conditions de forme ci-après :

- Elle doit être constatée par écrit ;
- Elle doit être notifiée aussi bien aux magistrats mis en cause qu'au secrétariat permanent du Conseil supérieur de la magistrature et à tous les chefs hiérarchiques ;
- Le chef hiérarchique immédiatement supérieur à celui qui a décidé de l'interdiction peut la lever à tout moment dans l'intérêt du service ;
- Sauf, en cas de poursuites judiciaires, sous peine de caducité, l'interdiction ne peut pas dépasser un délai de trois mois sans

qu'une décision de classement sans suite ou l'application d'une peine ne soit prise dans l'affaire[187].

Les conditions de fond et de forme relatives à l'interdiction de l'exercice des fonctions d'un magistrat sont cumulatives.

3. Questions pratiques qui peuvent être soulevées autour de l'applicabilité de la mesure de l'interdiction.

a. Existence tacite de recours contre la décision d'interdiction.

La loi ne prévoit pas la voie de recours contre la décision d'interdiction. La faculté de lever cette mesure est reconnue au chef hiérarchique immédiatement supérieur à celui qui a décidé de l'interdiction dans le seul intérêt de service. Ce qui ouvre implicitement une brèche à l'existence d'une voie de recours hiérarchique dont il faudra fixer les modalités de l'exercice : comment ce chef saura-t-il qu'il y a intérêt de service pour qu'il décide de l'opportunité de lever ladite mesure ? L'autorité qui a pris la décision a-t-elle intérêt d'attirer l'attention de son chef hiérarchique dès lors qu'en la prenant, elle avait pris toutes les dispositions nécessaires.

Certes le chef hiérarchique immédiatement à celui qui a pris la décision est informée de la mesure d'interdiction à travers un exemplaire de la décision lui réservée. Il va revenir simplement au magistrat faisant l'objet d'interdiction d'attirer par sa requête l'attention de ce dernier. A ce niveau, l'unique motif consisterait à mettre en avant l'intérêt de service, ce qui relèverait de l'appréciation souveraine dudit chef.

b. La caducité de plein droit de la mesure d'interdiction.

Aux termes de l'article 54, alinéa 4, sauf en cas de poursuites judiciaires, la mesure d'interdiction devient caduque si, dans les trois mois, à dater de sa notification, l'action disciplinaire n'est pas clôturée

[187] .Art 54, alinéa 4 de la loi portant statut des magistrats.

par une décision de classement sans suite ou par l'application d'une peine.

Concrètement, cette mesure consistant d'interdire, à titre conservatoire, de l'exercice de ses fonctions un magistrat cesse de produire de plein droit ses effets à l'expiration du délai de trois mois, à dater de la notification de ladite décision et ce, même, si l'action disciplinaire n'est pas encore clôturée par une décision de classement sans suite ou par l'application d'une peine.

Dans ce contexte, le magistrat faisant l'objet de la mesure d'interdiction reprend automatiquement le travail sauf s'il est poursuivi au plan pénal.

Que faudra-t-il entendre alors par décision définitive ?, Est-ce la décision du classement sans suite ? ; De l'envoi du dossier en fixation devant la chambre de discipline ou la décision prononcée par la chambre de discipline? ; Et qu'en sera-t-il alors de l'autorité compétente à lever la mesure lorsque le dossier venait d'être envoyé en fixation d'audience devant la chambre de discipline alors que le magistrat concerné est toujours en état d'interdiction ?

Aux nombreuses préoccupations soulevées, il y a lieu de constater que l'état actuel de droit disciplinaire des magistrats congolais est lacunaire quant aux réponses précises à fournir sur certains aspects de la question.

Toutefois, selon l'esprit de l'article 54 de la loi portant statut des magistrats, il faut en principe dès la clôture de l'enquête disciplinaire qui peut aboutir soit par la proposition de la décision du classement sans suite du dossier soit de l'envoi en fixation d'audience que cette mesure à titre conservatoire soit levée.

Mais il arrive parfois de cas où le dossier est envoyé en fixation d'audience sans que cette mesure d'interdiction ne soit levée. Nous estimons, dans le cas d'espèce, que la chambre de discipline demeure compétente de lever ladite mesure d'interdiction et ce, en vertu de l'article 21 de la loi n° 08/013 du 05 août 2008 portant organisation et fonctionnement du Conseil supérieur de la magistrature qui la confère plein pouvoir disciplinaire. Ce pouvoir disciplinaire englobe aussi bien le pouvoir de connaitre au fond des fautes disciplinaires commises par les magistrats ainsi que les mesures conservatoires prises pour besoin de l'enquête.

Ainsi la Chambre provinciale de discipline du Nord-Kivu avait déjà tranché sur la question dans l'affaire RD 065, « *en relevant que la chambre demeure compétente, dès lors que le juge de fond est celui aussi de l'exception.* »[188]

Cette position est donc fondée surtout que la chambre ne violerait en rien les dispositions légales prévues en la matière au vu du constat qu'il y a aucun texte qui l'empêcherait de statuer sur la question.

§3. Le délai de l'enquête disciplinaire

Le délai de conduite d'une enquête n'est pas fixé par la loi portant statut des magistrats. Néanmoins, il semble que les actions disciplinaires concernant les magistrats doivent être instruites avec diligence, dans les meilleurs délais.[189] Autrement dit, le droit des magistrats d'être jugé dans « *un délai raisonnable* » doit être respecté.

Il apparaît essentiel d'apporter des clarifications sémantiques de la notion de *délai raisonnable* qui comprend la juxtaposition de deux termes. Le terme délai qui se rapporte à la durée, détermine un intervalle de temps pendant lequel se produit une action, une instance, un procès. Le temps est consubstantiel au procès. L'adjectif raisonnable, accolé au délai pour signifier équilibre, ce qui est acceptable, suffisant ou convenable. Le raisonnable délimite ce qui est socialement acceptable. La durée de la procédure doit s'inscrire dans une durée acceptable, admissible.[190]

Il est donc souhaitable que dans la décision de désignation des magistrats enquêteurs, les chefs de juridiction et d'office de parquets prennent soin de déterminer la durée de l'enquête. Au cas où il ne

---

[188] Décision avant dire droit, CSM /RD.065.

[189] Paragraphe A, 4, r des Directives et Principes sur le droit à un procès équitable et à l'assistance judiciaire en Afrique

[190] Dione (A) et Sadou (W)., « Réflexion sur les critères du délai raisonnable en matière de justice pénale au Sénégal. »*In village de la justice*, 2020

serait pas en mesure de s'acquitter de sa mission, le magistrat enquêteur pourrait revenir, au moyen d'une requête motivée solliciter une prorogation du délai imparti.

§4. Etablissement de rapport d'enquête : Clôture d'enquête

La loi est muette encore sur la forme et le contenu du rapport d'enquête. Le magistrat enquêteur est libre de donner à son rapport la forme qui lui convient. Il doit en revanche veiller à ce que ce rapport soit clair, précis et concis.

Le contenu du rapport doit comporter le plus d'informations factuelles possibles pour permettre à l'autorité qui a ordonné l'enquête de se décider en connaissance de cause.

Quant à sa structure, le rapport d'enquête disciplinaire devrait comporter quatre parties au moins consacrées respectivement à l'identité du magistrat poursuivi, aux faits lui reprochés, à la discussion en droit desdits faits ainsi qu'à la conclusion assortie des recommandations.

Si le constat de la faute disciplinaire et l'enquête a été opéré par l'inspectorat des services judiciaires, le rapport sera adressé au ministre de la justice lequel dispose également d'un droit de regard en la matière au regard de l'article 28 de la loi organique et fonctionnement du Conseil supérieur de la magistrature qui lui permet de saisir la chambre de discipline.

Les magistrats membres de l'inspectorat général de services judiciaires peuvent également adresser leurs rapports d'enquête au premier président de la Cour de cassation ou au président du Conseil supérieur de la magistrature ou au premier président du Conseil d'Etat, selon le cas, s'ils ont été chargés par ces derniers d'accomplir ces devoirs d'enquête à charge de tout magistrat.

En substance la logique est celle de voir le magistrat enquêteur de rédiger un rapport sanctionnant la clôture de l'enquête et qu'il est appelé à le soumette à l'autorité qui l'a désigné à cet effet. La rédaction de ce rapport s'impose aussi aux chefs de juridiction et office dans l'hypothèse où ils ont eu à mener eux-mêmes l'enquête.

SECTION 3. MODALITES DE CLOTURE D'UNE ENQUETE DISCIPLINAIRE

La fin de l'enquête constitue un moment important tant en termes de droits qu'au regard de la suite que le magistrat enquêteur entend donner à l'affaire pour laquelle il a reçu mission.

Au vu des éléments d'enquête, le magistrat enquêteur peut proposer dans son rapport l'une des décisions suivantes :

- le classement sans suite du dossier ;
- l'envoi du dossier en fixation devant la Chambre de discipline compétente.

§ 1. Liminaires

Le magistrat désigné pour mener l'enquête se contente de proposer la décision aux autorités qui les ont confiés cette mission. Il reviendra ensuite auxdites autorités à leur tour de prendre en toute responsabilité la décision pour la suite à réserver au dossier.

Elles doivent s'assumer quant à leur décision et ce, sans influence ni pression ou contrainte de la part leur chefs hiérarchiques directes.

Le supérieur hiérarchique de l'autorité qui l'a décidé ne peut y revenir. En revanche, la complaisance dans le chef des chefs de juridiction et d'office, dans leur décision est constitutive d'une faute disciplinaire. Aussi doivent-ils savoir qu'en voulant protéger les magistrats fautifs, ils sont exposés eux-mêmes aux poursuites disciplinaires.

§2. Décision du classement sans suite

Le classement sans suite du dossier est une décision prise par les chefs de juridiction et d'office à la clôture de l'enquête. Elle revêt un caractère irrévocable.

Les motifs de classement sans suite du dossier ne sont pas déterminés par le législateur. Les chefs de juridiction et d'office ont donc l'opportunité d'apprécier le bien-fondé du classement selon les circonstances des faits.

A défaut de cette détermination par législateur, deux motifs peuvent être retenus par les autorités visées ci-dessus à prendre une décision de classement sans suite, à savoir : l'absence de la faute disciplinaire et le classement sans suite pour motifs de droit.

1. Le classement sans suite pour l'absence de la faute disciplinaire.

Par ce motif, le dossier pourra être classé, soit que les faits reprochés au magistrat n'ont jamais été commis, soit qu'il n'en est pas l'auteur. Il en sera de même lorsqu'aucune preuve n'a été recueillie contre le magistrat présumé fautif ou les éléments de preuves recueillis sont insuffisants qu'ils ne permettront pas à la chambre de discipline de conclure à la responsabilité disciplinaire de ce magistrat.

2. Le classement sans suite pour motifs de droit

Il s'agit des motifs qui échappent au pouvoir d'opportunité d'appréciation des chefs de juridiction et d'office.

Ainsi les raisons de classement pour motifs de droit sont les suivantes :

- la prescription de la faute disciplinaire ;
- la chose jugée.

a. La prescription de la faute disciplinaire

Le délai de la prescription de la faute disciplinaire est d'un an à dater de la connaissance des faits par le président du Conseil supérieur de la magistrature[191]. Ce délai commencera à courir à dater de la réception de la plainte au Secrétariat du Président du Conseil supérieur de la magistrature ou de l'une des chambres de discipline

---

[191] Article 32 de la loi organique portant organisation et fonctionnement du Conseil supérieur de la magistrature.

ou de la transmission du Constat de faute disciplinaire au Conseil supérieur de la magistrature. [192]

b. Le jugement du chef de la faute disciplinaire alléguée.

Lorsqu'une faute disciplinaire commise par le magistrat a déjà connu une décision de la chambre de discipline, il ne sera plus possible de poursuivre les magistrats pour les mêmes faits à moins qu'ils en commettent à nouveau.

Si le classement sans suite pour les raisons sus-indiquées ne soulève aucun problème particulier, la question devient intéressante quant à la décision du classement du dossier pour bénignité des faits.

Commentant la position des auteurs de guide pratique de procédure disciplinaire des magistrats congolais selon laquelle le classement sans suite ne peut pas s'opérer pour bénignité des faits et inopportunité des poursuites au motif qu'il revêt un caractère irrévocable, et dénote souvent de la complaisance des chefs de juridiction et d'offices, le magistrat H. Masani Matshi note que cette opinion ne semble pas favorable au fonctionnement régulier des services publics de la justice. Le but visé par la poursuite disciplinaire est entre autres le rappel à l'ordre du magistrat, mais lorsque le magistrat rien que par l'ouverture de l'action disciplinaire arrive à s'amender, l'autorité qui a diligenté l'enquête peut toujours classer sans suite le dossier surtout si les faits sont bénins.[193]

La thèse de la non-opérabilité de motif de classement sans suite pour bénignité des faits se justifie largement. En effet, dès lors que dans le barème de sanction, le législateur a prévu la peine de blâme, il est logique que le magistrat se trouvant dans le cas sous examen soit condamné à ladite peine que de voir son dossier être classé.

Le magistrat qui a fait l'objet d'une ouverture de l'action disciplinaire a droit de s'adresser aux chefs de juridiction et office pour connaitre la suite réservée à son dossier. Dans la pratique ces chefs ne transmettent pas au secrétariat du Conseil supérieur de la

---

[192] CSM., *Guide pratique de procédure disciplinaire des magistrats. op.cit.* p55

[193] Masani Matshi, (H)., *op.cit.*, p.10.

magistrature et aux Supérieurs hiérarchiques la décision du classement. Ils se contentent uniquement de le faire dans le cas du constat de la faute disciplinaire ou de la décision d'envoyer le dossier en fixation devant la chambre de discipline.

Cette pratique malheureuse n'est pas dans l'intérêt des magistrats présumés fautifs, lesquels peuvent voir leur dossier être écartés pour la promotion du fait de l'action disciplinaire ouverte à leur charge.

§3. De l'envoi du dossier en fixation devant la chambre de discipline compétente.

L'envoi du dossier en fixation d'audience devant la chambre de discipline consiste pour les chefs de juridiction et office à transmettre, par requête aux fins de fixation, le dossier au Président de la chambre de discipline compétente pour connaître de la cause et ce, en prenant soin d'informer la hiérarchie et le secrétaire permanent du Conseil supérieur de la magistrature.

La chambre de discipline est saisie par une citation à comparaître, à la requête du chef de juridiction ou de l'office ayant initié l'action disciplinaire.[194] Dans la démarche de la modification de cette disposition légale qui est en cours, ce pouvoir de saisir par requête la chambre de discipline serait reconnu également au président du Conseil supérieur de la magistrature, l'inspecteur général des services judiciaires et pénitentiaires et l'inspecteur provincial de ces services.

La requête est une obligation légale faite aux chefs précités du magistrat poursuivi. La simple lettre de transmission du dossier n'a pas de valeur d'une requête exigée aux termes de l'article 56 de la loi organique portant statut des magistrats et constitue qu'une simple preuve de la transmission du dossier au président de la chambre de discipline.

---

[194] Article 56 de la loi organique portant statut des magistrats.

L'absence de la requête est un moyen qui peut être soulevé d'office par la chambre de discipline.[195]

Les fautes disciplinaires retenues à charge du magistrat devant la chambre de discipline sont celles reprises dans la requête aux fins de fixation et dans la citation à comparaître.[196]

Il a été décidé par le Conseil supérieur de la magistrature, Chambre provinciale de discipline de Kinshasa/Gombe que « *l'absence formelle d'une requête émanant du chef de juridiction et d'office ayant ouvert l'action disciplinaire à charge du Magistrat K.Y est une violation de l'article 56 de la loi organique n° 06/020 du 10 octobre 2006 portant statut des magistrats et constitue un vice qui emporte, par voie de conséquence, annulation de la procédure disciplinaire ainsi ouverte, car cette disposition légale qui consacre, à l'instar des dispositions d'ordre public tirées de la procédure pénale ordinaire et desquelles elle est inspirée, l'obligation, après instruction préparatoire et en cas de décision des poursuites, de fixer formellement le dossier par voie de requête devant une juridiction. Que la simple lettre de transmission n'est pas une requête. Il y a lieu de faire différence entre les formalités administratives d'envoi du dossier devant la chambre de discipline et les formalités de procédure de la saisine de cette chambre. La lettre de transmission rentre dans la première catégorie tandis que la requête se place dans la dernière.*[197]

Le dossier disciplinaire est envoyé avec la requête de fixation d'audience disciplinaire. Ce dossier doit comporter les documents bien cotés et paraphés ci-après :

- le procès-verbal de constat de faute disciplinaire ;
- la décision de désignation de l'enquêteur ou des enquêteurs ;
- la décision d'interdiction du magistrat mise en cause, s'il y en a ;

---

195 Conseil supérieur de la magistrature(RDC) , *Recueil de jurisprudences en matière disciplinaire du magistrat*, USAID, p.16

196 Idem.

197 Décision CSM/KGO/RD 0012 du 5 mars 2011. Cette décision n'est isolée car prise en application de la jurisprudence disciplinaire consacrée en la matière. Lire. RD 003/09, 27/03/2010, CSM-CPD Bas-Congo, RD/CSM 0009, 18/12/2010, 18/12/2010, CSM-CPD Kinshasa/Gombe.

- les procès-verbaux d'audition des parties (magistrat poursuivi, témoins, plaignants s'il y en a) ;
- le rapport d'enquête ;
- la lettre de transmission du dossier à la Chambre disciplinaire.

Il y a lieu de considérer que « *l'absence au dossier disciplinaire ouvert à charge du magistrat poursuivi des pièces telles que le procès-verbal de constat de faute disciplinaire, le rapport d'enquête du magistrat désigné pour mener une enquête autour des faits reprochés au magistrat pré qualifié etc.. non seulement constitue un acte d'irrégularité ayant entaché l'action disciplinaire engagée contre le magistrat mis en cause, mais également met la chambre de discipline dans l'impossibilité de vérifier la matérialité des préventions disciplinaires libellées contre le magistrat poursuivi aux fins de statuer en toute connaissance de cause*»[198].

A toutes fins utiles, les chefs de juridiction et d'offices des parquets veilleront à garder une copie du dossier disciplinaire ainsi constitué dans leurs archives[199].

La décision de l'envoi en fixation d'audience disciplinaire de l'affaire devant la chambre de discipline met fin à la procédure antérieure à l'audience. Elle marque le début de la procédure à l'audience.

---

[198] Décision CSM/BDD/RD 001 du 08 novembre 2010.

[199] Conseil supérieur de la magistrature (RDC), *Guide pratique de procédure disciplinaire des magistrats, op.cit.* p56

CHAPITRE 8.

L'INSTANCE DISCIPLINAIRE

La juridictionnalisation de la procédure disciplinaire des magistrats congolais est une avancée significative dans le traitement de contentieux disciplinaire des agents publics de l'Etat. Il importe donc de savoir l'organisation et la compétence de cette juridiction ordinale (Section 1), le déroulement de l'audience disciplinaire, (section 2), et enfin la manière dont l'affaire est prise en délibéré pour recevoir prononcée. (Section 3)

SECTION 1. ORGANISATION, COMPETENCE ET FONCTIONNEMENT DES CHAMBRES DE DISCIPLINE

Le Conseil supérieur de la magistrature est la juridiction ordinale qui exerce le pouvoir disciplinaire sur les magistrats. Pour remplir pleinement cette mission, le législateur congolais a prévu d'une part l'organisation des chambres de discipline lesquelles sont dotées d'une certaine compétence et d'autre part il a fixé les principes présidant au fonctionnement de cette juridiction.

§1. Organisation des chambres de discipline

Le Conseil supérieur de la magistrature est la juridiction disciplinaire des magistrats.[200] Le pouvoir disciplinaire est exercé par la Chambre nationale et les Chambres provinciales de discipline.[201]

---

[200] Article 20 Loi organique portant organisation et fonctionnement du Conseil supérieur de la magistrature.

[201] Article 21. Loi organique portant organisation et fonctionnement du Conseil supérieur de la magistrature

La Chambre nationale de discipline fonctionne à Kinshasa, siège des institutions de la République. Par ailleurs, il existe 27 chambres provinciales de discipline, soit une chambre de discipline par ressort de Cour d'appel.

La loi ne prévoit pas la subdivision interne de la chambre disciplinaire. Elle change plutôt partant de la composition appelée à juger le magistrat poursuivi.

Par contre, il est attaché aux chambres de discipline un service administratif constitué du personnel administratif des cours et tribunaux ainsi que les parquets. Il est dirigé au niveau national que provincial par un magistrat membre du Conseil supérieur de la magistrature désigné par le bureau.

Plus précisément, ce service administratif au niveau de la chambre nationale de discipline est présidé par le membre du Secrétariat permanent du Conseil supérieur de la magistrature en charge de l'éthique et de la discipline assisté par un ou plusieurs greffiers disciplinaires. Au niveau de la chambre provinciale de discipline, le bureau est présidé par le Premier président de la Cour d'appel qui désigne, parmi les membres du Conseil supérieur de la magistrature de leurs ressorts, un point focal ou un coordonnateur du service administratif de la chambre provinciale de discipline.[202]

Le service administratif des chambres de discipline est chargé de la préparation des dossiers disciplinaires et de l'organisation matérielle des chambres de discipline et exécute notamment les tâches suivantes :

a. Préparer les actes de convocation des audiences des chambres disciplinaires au niveau national et provincial et en assurer la transmission ;
b. Assurer la communication des pièces du dossier disciplinaire aux magistrats poursuivis devant la Chambre de discipline ;
c. Préparer les actes de notification des décisions disciplinaires aux intéressés ;

---

[202] Article 47 .Règlement intérieur du Conseil supérieur de la magistrature.

d. Préparer l'état des frais relatifs aux transports et aux séjours des magistrats poursuivis et des témoins ;
e. Tenir à jour les registres disciplinaires du Conseil supérieur de la magistrature.

Y siège dans ces chambres disciplinaires uniquement les membres du Conseil supérieur de la magistrature qui sont de trois catégorie, à savoir : les membres de droit, les membres désignés pour les militaires et les membres élus.

§2. Compétence et principes relatifs au fonctionnement de la Chambre de discipline

La mission des chambres de discipline est d'exercer le pouvoir disciplinaire sur les magistrats. A ce titre, elles sont appelées à juger les magistrats que l'on reproche d'avoir commis des fautes disciplinaires. Les règles de la composition et des principes qui président au fonctionnement de ces chambres disciplinaires sont fixées par la loi.

A. Compétence de la chambre de discipline.

1. Enoncé.

Les chambres de discipline connaissent des fautes disciplinaires mises à charge des magistrats, c'est-à-dire qu'elles sont compétentes de statuer sur les faits disciplinaires reprochés sans distinction aux magistrats du siège et du parquet.

Outre la compétence personnelle, les chambres de discipline ont également une compétence matérielle propre ; tirée de la nature de la matière à traiter dont l'acte générateur demeure la faute disciplinaire. Ces organes disciplinaires jugent uniquement les comportements fautifs des magistrats quant à leurs obligations déontologiques et professionnelles.

Dans ce sens, elles se déclareront incompétentes lorsqu' à chaque fois elles seront saisies en action de paiement des dommages et intérêts ou autres actions de droit commun.

Un autre élément important, lorsque le magistrat poursuivi, a fait l'objet d'une mutation dans le ressort d'une autre Cour d'appel, le président de la chambre provinciale de discipline devant laquelle il était attrait, prend soin de transmettre le dossier de ce magistrat devant la chambre de sa nouvelle affectation par le truchement bien entendu de son collègue.

2. Compétence de la chambre nationale de discipline.

La chambre nationale de discipline connait, en premier et dernier ressort, des fautes disciplinaires commises à charge des magistrats de la Cour de cassation, du Conseil d'Etat, de la Haute cour militaire et de ceux des parquets près ces juridictions.[203] Elle connaît également des fautes disciplinaires mises à charge des premiers présidents des cours d'appel, des cours administratives d'appel, des cours militaires ainsi des procureurs généraux près ces juridictions[204].

Au degré d'appel, la chambre nationale de discipline connaît des décisions prises par des chambres provinciales de discipline.[205]

3. Compétence de la chambre provinciale de discipline.

Les chambres provinciales de discipline connaissent quant à elles, au premier degré, des fautes disciplinaires mises à charge des magistrats des ressorts des Cours d'appel, des cours administratives, des Cours militaires et ceux des parquets près ces juridictions[206].

---

[203] Article 23 de la loi organique portant organisation et fonctionnement du Conseil supérieur de la magistrature ; Résolution n° 001/2010 du 23 décembre 2010 du Bureau du Conseil supérieur de la magistrature portant cadre et structure organique du CSM, in J.O. RDC, op.cit. p 18

[204] Article 23 alinéa 4 de la loi organique organisation et fonctionnement du CSM

[205] Article 23 alinéa de la loi organique organisation et fonctionnement CSM.

[206] Article 22 de la loi organique organisation et fonctionnement du CSM.

B. Principes qui président au fonctionnement des chambres de discipline

Six principes cumulatifs président au bon fonctionnement de la composition des chambres de discipline :

1. Principe de collégialité de la chambre de discipline[207]

Le principe de collégialité désigne le fait qu'une affaire soit jugée par plusieurs juges, siégeant et délibérant ensemble. Elle assure au justiciable une décision mesurée, peu susceptible d'avoir été influencée par la partialité d'un juge et dotée d'une plus grande autorité.[208]

En RDC, ce principe de collégialité est consacré par la loi s'agissant du fonctionnement de la chambre nationale de discipline ou chambre provinciale de discipline qui siègent à trois magistrats, en position d'activité, choisis au sein du Conseil supérieur de la magistrature.

2. Principe du jugement des magistrats exclusivement par les magistrats en activité, membres du Conseil supérieur de la magistrature[209].

Les magistrats membres du Conseil supérieur de la magistrature ayant encouru des peines disciplinaires au cours des douze derniers mois ne peuvent siéger au sein des compositions des chambres de discipline.

3. Principe de l'appartenance des membres de la chambre de discipline au ressort

Ne peuvent être désignés juges des chambres de disciplines que les membres du Conseil supérieur de la magistrature du ressort

---

[207] Article 24, 25, alinéa 1, 26 et 27 de la loi organique portant organisation et fonctionnement du CSM.

[208] Braconnay (N), *La justice et les institutions juridictionnelles*, 3 Edition, La documentation Française, Paris, 2019 p.45

[209] Article 24 de la loi organique portant organisation et fonctionnement du CSM.

concerné. Ce principe admet une limité, lorsque les membres du CSM du ressort ne sont pas en nombre suffisant pour constituer une composition régulière, le président de la chambre de discipline peut désigner un membre du CSM d'un autre ressort[210].

4. Principe de mixité [211]

Les compositions des chambres disciplinaires doivent comprendre absolument les magistrats civils et militaires autant que ceux du siège et du parquet.

5. Principe de croisement [212]

Conceptualisé par le législateur, la notion du croisement dans la composition des chambres de discipline sous-entend :

- Lorsqu'un magistrat militaire du parquet est poursuivi, il doit être jugé par une composition présidée par un magistrat civil du siège ;
- Lorsqu'un magistrat militaire du siège est poursuivi, il doit être jugé par une composition présidée par un magistrat civil du parquet ;
- Lorsqu'un magistrat civil du parquet est poursuivi, il doit être jugé par une composition présidée un magistrat militaire du siège ;
- Lorsqu'un magistrat civil du siège est poursuivi, il doit être jugé par une composition présidée par un auditeur militaire.

6. Principe de la présidence des chambres par un magistrat de rang supérieur[213]

La présidence de la chambre de discipline est assurée par un magistrat remplissant les critères ci-après :

- Avoir le même grade ou un grade supérieur à celui du magistrat poursuivi ;

---

[210] Article 27 de la loi organique portant organisation et fonctionnement du CSM.
[211] Article 24 et 25 Idem
[212] Article 25 Idem
[213] Article 25 et 26 Idem.

- Appartenir à un autre ordre que celui du magistrat poursuivi pour dire le militaire sera jugé par le civil et le civil par le militaire ;
- Etre du siège ou du parquet selon que le magistrat poursuivi est du parquet ou du siège.

Toutefois, il faut relever hormis le Président qui doit avoir un grade supérieur ou égal à celui du magistrat poursuivi, les autres membres de la composition ne sont pas soumis à cette condition. L'exception est faite également au niveau national où le Président de la Cour constitutionnelle préside la composition de la chambre nationale de discipline lorsque sont mis en cause, l'une des autorités suivantes :

- Le premier président de la Cour de cassation ;
- Le premier président du Conseil d'Etat ;
- Le premier président de la Haute cour militaire ;
- L'un des chefs des parquets près ces juridictions.

SECTION 2. DEROULEMENT DE L'AUDIENCE DISCIPLINAIRE

L'audience des chambres de discipline se tient à huis clos et ce, sans préjudice du principe de l'oralité des débats. Il reste présentement à connaître les modes de saisine de cette juridiction disciplinaire ordinale et la manière dont se déroule l'instruction de l'affaire.

§1. Modes de saisine de la chambre de discipline.

En matière de procédure disciplinaire des magistrats congolais de l'ordre judiciaire et administratif, la chambre de discipline est saisie par :

- la citation à comparaitre ;
- la citation directe ;
- la comparution volontaire.

A. La citation.

La citation est un acte de procédure par lequel la chambre de discipline se déclare saisie. Elle consiste en une notification faite en forme authentique au magistrat poursuivi de l'action disciplinaire enclenchée à son égard.

En effet, aux termes de l'article 55, alinéa 2 de la loi portant statut des magistrats, lorsqu'après avoir pris connaissance du rapport d'enquête par eux diligentés, les chefs de juridictions et d'offices de parquet décident d'envoyer le dossier en fixation devant une chambre de discipline, ils transmettent le dossier disciplinaire au président de la Chambre compétente pour connaitre de la cause.

Faisons remarquer que la proposition de la loi modificative en cours de la loi portant statut des magistrats rallonge la liste des personnes susceptibles d'établir la requête afin de permettre au Président de la Chambre de prendre une ordonnance fixant l'affaire. Il s'agit en l'occurrence du président du conseil du supérieur, l'inspecteur général des services judiciaires et pénitentiaire, et l' inspecteur provincial de ces services.

Il reviendra alors au président de la chambre de discipline de prendre une ordonnance pour fixer l'affaire, la date et le lieu de l'audience et de désigner les membres de la composition conformément aux principes énoncés ci-haut.

1. Contenu de la citation.

La citation est établie à la requête du chef de juridiction ou d'office de parquet initiateur de l'enquête.. Elle précise le lieu et la date de l'audience. Elle indique également l'identité du magistrat poursuivi, c'est- à- dire les noms, profession, domicile, état-civil. Elle doit encore mentionner les faits qui sont reprochés au magistrat.

2. Délai et notification de la citation.

Délai. L'article 56 al 2 de la loi organique portant statut des magistrats dispose que le délai entre la citation et la comparution ne peut être inférieur à huit jours francs augmentés de délais de distance prévus par le code de procédure pénale. Autrement dit, que l'on ne compte pas dies a quo et dies ad quem, avec 1 jour par 100 Km de distance pour le magistrat poursuivi.

Ce délai nécessaire se justifie par la possibilité laissée aux magistrats poursuivis de préparer ses moyens de défense.

Notification. L'article 47 du Règlement intérieur du CSM dispose : « il est attaché aux chambres disciplinaires un service administratif constitué du personnel administratif des cours, tribunaux et parquets dirigé tant au niveau national que provincial par un magistrat membre du Conseil supérieur de la magistrature désigné par le bureau (..). Ce service est chargé de la préparation des dossiers disciplinaires et de l'organisation matérielle des chambres disciplinaires et exécute notamment les tâches reprises ci-haut.

La citation doit être signifiée en forme d'exploit par un officier ministériel, l'huissier, le greffier disciplinaire qui doit mentionner son nom et sa qualité ainsi que la date à laquelle il a effectué la signification. Une signification faite au lieu de travail des magistrats sans pourtant qu'ils y soient trouvés afin de leur parler à personne est irrégulière.

B. La citation directe.

La chambre de discipline peut être saisie également par voie de dénonciation faite par le ministre national de la justice ou sur plainte de toute autre personne intéressée[214]. Le législateur donne la possibilité aux particuliers de saisir cette instance disciplinaire.

La justice, en tant que service public, doit rendre compte devant les citoyens ; mais, en tant qu'autorité constitutionnelle, la justice ne peut et ne doit pas être considérée comme les autres services publics. Si les exigences de qualités sont de plus en plus présentes au sein cette

[214] Article 28 de la loi organique portant organisation et fonctionnement du CSM.

activité régalienne, certaines modalités de contrôle de comportement de leurs animateurs restent encore en discussion.[215]

La question est celle de savoir si dès le dépôt de cette dénonciation ou plainte, le président de la chambre de discipline peut-il prendre directement l'ordonnance pour fixer l'affaire devant cette instance disciplinaire comme cela se fait, en procédure pénale, dans l'hypothèse de la citation directe ?

La disposition légale qui donne la possibilité au ministre national de la justice et à toute personne intéressée est claire par rapport aux termes utilisés quant à la saisine de la chambre de discipline. La raison d'être de cette saisine par voie de citation directe est de contourner l'inertie des magistrats, spécialement celle des chefs de juridiction et d'offices de parquets.

Cependant à la lumière des décisions déjà rendues tant par la chambre nationale que par les chambres provinciales de discipline, les justiciables abusent de ce mode de saisine pour régler les comptes aux magistrats ou pour se soustraire à l'exécution des actes de procédure ou des décisions de justice défavorables.[216]

Pour pallier à la préoccupation, l'Assemblée générale du Conseil supérieur de la magistrature, à l'unanimité de ses membres au courant d'une session extraordinaire tenue le 24 août 2012, avait adopté une résolution en ces termes : « *La saisine de la chambre nationale ou provinciale de discipline par voie d'une plainte des particuliers, donne lieu à un examen préalable par un membre du Conseil supérieur de la magistrature désigné par le président de la chambre concernée de la pertinence des faits y dénoncés, à la lumière des observations du magistrat mis en cause dûment informé du contenu de cette plainte ; et sur base du rapport de l'enquêteur, la chambre de discipline , agissant par voie d'ordonnance de son Président, décide de l'engagement ou non de la procédure.* »

---

[215] Pauliat, (H), Le traitement des plaintes des justiciables : un ombudsman serait-il nécessaire ? , *in Revue internationale d'éthique sociétale et gouvernance*, vol .9, N° 2/2007.

[216] Masani Matshi, (H), *op.cit.* p 12.

Cette résolution du Conseil supérieur de la magistrature a instauré une règle que l'on peut qualifier de « *mécanisme de filtrage.* » Il a pour but d'éviter l'encombrement inutile et couteux des chambres de discipline par élimination des plaintes manifestement fantaisistes et sans fondement.[217]

Le mécanisme de filtrage comprend trois phases :

a. l'acte du président désignant un enquêteur qui doit être membre du Conseil supérieur de la magistrature ;

b. l'étape proprement dite de l'enquête laquelle sera sanctionnée par un rapport ;

c. l'ordonnance du président de la chambre intervenant après examen du rapport du magistrat enquêteur pour décider ou non de l'engagement de poursuite du magistrat faisant l'objet de la plainte.

La résolution instituant cette procédure de filtrage est muette par rapport à la voie de recours en cas de rejet de la plainte du plaignant, à la situation de magistrat-filtreur si il peut encore faire partie de la composition dès lors qu'il a déjà ému l'avis dans l'affaire ainsi qu'au traitement de la dénonciation du ministre national de la justice, acteur important dans le système judiciaire congolais.

En droit français, il se dégage que la décision de rejet est insusceptible de recours, mais le ministre de la justice et garde des sceaux conserve lui-même le pouvoir de saisir directement l'instance disciplinaire.[218]

Le débat se pose ici quant au caractère légal de cctte résolution du Conseil supérieur de la magistrature du 24 août 2012. Une certaine opinion voit en cela une violation de l'article 28 de la loi portant organisation et fonctionnement du CSM, lequel donne la possibilité au ministre national de la justice et à toute personne intéressée de saisir directement les chambres de discipline par voie de dénonciation pour le premier et la seconde la plainte.

---

217 Masani Matshi, (H), *op.cit.*, p12

218 Syndicat de la magistrature, *Guide des droits des magistrats*, Ed François Maspero, 2008, p63.

Cette disposition légale n'a pas prévue le mécanisme de filtrage. Comment se comportera-t-elle la chambre de discipline face à ce débat ?

Pour le magistrat Masani Matshi, cette résolution devait s'appliquer du fait que les chambres de discipline n'ont pas qualité pour apprécier la légalité d'une résolution du Conseil supérieur de la magistrature dès lors qu'elle s'impose au pouvoir judicaire.[219]

Dans la perspective de la modification de la loi, il y a lieu que le contenu de cette résolution instituant le mécanisme de filtrage soit coulé sous forme d'une disposition légale afin d'éviter le débat pouvant être occasionné autour de sa légalité.

Lorsque la plainte a été diligentée par toute autre personne intéressée, ampliation en est faite au ministre de la justice. Le non accomplissement de cette formalité n'est pas une cause de nullité de procédure étant donné que loin d'être substantielle, elle est plutôt secondaire[220].

Il va de même que la personne intéressée peut déposer sa plainte à la suite d'un classement sans suite qu'elle juge non justifié. Cela étant, elle peut solliciter l'autorisation de lever copie des pièces en rapport avec le dossier classé sans suite pour leur exploitation dans le cadre de la procédure devant la chambre de discipline compétente.

Dans l'hypothèse de l'instruction de la cause initiée par voie de citation directe devant la chambre de discipline, l'absence d'un procès-verbal de constat de faute disciplinaire, le fait que celle-ci n'ait pas fait l'objet d'une enquête, tout comme l'absence au dossier disciplinaire d'un rapport d'enquête ne devrait pas nécessairement conduire les chambres disciplinaires à prendre une décision d'annulation de la procédure disciplinaire. Il ne pourrait en être ainsi que dans le cas des dossiers disciplinaires provenant des supérieurs hiérarchiques des magistrats.

---

[219] Masani Matshi (H), op.cit., p13. Article 6 alinéa 3 de la loi organique portant organisation et fonctionnement du CSM.

[220] CSM (RDC), *Guide pratique de procédure disciplinaire du magistrat, op.cit.*, p.67

Le plaignant devrait l'y aider en apportant la preuve de la faute disciplinaire qu'il allègue.

C. La comparution volontaire.

Il est difficile de s'imaginer qu'un magistrat poursuivi disciplinairement, en l'absence d'une citation régulière à comparaitre ou de n' importe quel autre acte de notification, spontanément accepte de couvrir les irrégularités de forme d'exploit (mention incomplète, non-respect des délais etc.) Mais lorsqu'il accepte dans ce cas de couvrir le vice à la base du défaut de saisine de la chambre disciplinaire, celle-ci sera saisie en vertu de sa comparution volontaire.

§ 2. Instruction à l'audience disciplinaire

Mise au rôle. Lorsque la chambre de discipline doit siéger, son président prend une ordonnance de fixation d'audience et au jour de la première audience, il vérifie le dossier en état d'être examiné.

La cause est inscrite au rôle général des affaires disciplinaires ; le chargé de service administratif lui donne un numéro d'ordre et indique l'audience à laquelle l'affaire pourra être introduite.

Le greffier disciplinaire établira des extraits du rôle relevant toutes les causes qui doivent être entendues à la même audience, soit comme affaires nouvelles, soit à la suite de remise. Le rôle de l'audience est affiché à l'entrée principale de la Cour d'appel et la Cour de de cassation.

Les audiences de chambres de discipline ne sont pas publiques. Elles se tiennent à chambre de conseil ou à huis clos[221]. Elles dérogent au principe constitutionnel de la publicité des audiences.

Droits des magistrats poursuivis. Dès que le dossier disciplinaire est transmis à la chambre de discipline, le magistrat poursuivi jouit d'un certain nombre de droits de la défense ci-après :

---

[221] Article 59 Loi organique sur le statut des magistrats.

- Le droit à la présomption d'innocence ;
- Le droit à un procès équitable ;
- Le droit à la communication, sans déplacement, des pièces du dossier disciplinaire au moins cinq jours avant l'audience ;
- Le droit de se constituer un ou plusieurs conseils choisis parmi les magistrats ou les avocats etc.

Comparution et représentation des parties. A l'ouverture de l'audience disciplinaire par le président de céans, la parole est accordée au magistrat rapporteur pour la lecture d'extrait du rôle des affaires fixées à cette audience. La composition siège avec l'assistance d'un magistrat, membre du Conseil supérieur de la magistrature faisant office du rapporteur. Ce magistrat exerce les attributions dévolues au greffier audiencier. Qu'à défaut de trouver un rapporteur, ces attributions sont exercées par un des membres de la composition désigné par ses collègues.

La chambre vérifie sa saisine à l'égard des parties. Et le magistrat rapporteur prend acte de la comparution ou de la défaillance des parties (magistrats poursuivis, s'il y a lieu plaignants ou témoins).

En effet, devant la chambre de discipline, le magistrat poursuivi comparait toujours en personne et peut se faire assisté s'il désire d'un conseil, magistrat ou avocat[222]. La présence d'un défenseur judiciaire n'est pas prévue, en l'espèce, par ce Statut, en ce qui concerne l'assistance d'un magistrat poursuivi.[223] A défaut de comparaître en personne, alors qu'il a été régulièrement atteint, le magistrat concerné sera toujours jugé et la procédure sera réputée contradictoire à son égard.

Les plaignants peuvent comparaître en personne ou se faire représenter par les avocats. Le défaut du plaignant n'a pas d'incidence sur la procédure. La chambre de discipline saisie de la plainte doit poursuivre sans désemparer l'instance engagée en vue de vider saisine.

---

[222] Article 58, alinéa 2 Loi organique portant statut des magistrats
[223] Décision n° CSM/BDD/RD 08 du 09 juillet 2011.

L'assistance d'un défenseur judiciaire pour le plaignant reste discutable. Le raisonnement juridique tire son fondement dans l'ordonnance-loi n° 79/08 du 28 septembre 1970 portant organisation du barreau et du corps des défenseurs judiciaires et du corps des mandataires de l'Etat, spécialement en ses articles 125 et 126 qui limitent l'exercice du ministère des défenseurs judiciaires aux seuls tribunaux de grande instance et de paix, pour refuser leur comparution devant cette juridiction spécialisée.

Cette prise de position découle de la logique du droit commun étant donné que la chambre provinciale de discipline s'organise au niveau de la Cour d'Appel, juridiction où l'accès est interdit aux défenseurs judiciaires.[224]

Les incidents de la procédure. Après vérification de sa saisine, la chambre fait acter la comparution du magistrat poursuivi, du plaignant, s'il y en a et éventuellement des témoins, procède à la lecture du rapport d'enquête, de la plainte ou de la dénonciation.

Le magistrat poursuivi peut soulever les préalables ou moyens exceptionnels tendant à aboutir à l'anéantissement de la procédure disciplinaire.

.

A ce stade, il y a lieu de retenir que parmi les moyens dont dispose le magistrat poursuivi pour s'opposer à une procédure disciplinaire, il en est qui ,sans toucher le fond viennent empêcher momentanément la chambre de suivre la procédure, mais dès que cette situation aura cessée, l'instance peut donc être reprise ; des moyens qui écartent ou mettent fin définitivement à l'action disciplinaire.

L'examen de la jurisprudence en matière disciplinaire des magistrats congolais peut permettre de regrouper en cinq catégories les moyens exceptionnels fréquemment soulevés par le plaideur au cours de l'instance disciplinaire.

Il s'agit :

- d'exception d'inconstitutionnalité ;

---

[224] Conseil supérieur de la magistrature (RDC), *Recueil de jurisprudence en matière disciplinaire du magistrat, op.cit.*, p31

- d'exception de nullité de procédure disciplinaire ;
- du déport et récusation des membres de la composition ;
- d'irrégularité de la composition ;
- et de la prescription de l'action disciplinaire.

A. *Exception d'inconstitutionnalité.*

Aux termes de l'article 162 al.3 de la Constitution du 18 février 2006 telle que modifiée à ce jour « *toute personne peut saisir la Cour constitutionnelle par la procédure de l'exception de l'inconstitutionnalité invoquée dans une affaire qui la concerne devant une juridiction. Celle-ci sursoit à statuer et saisit, toutes affaires cessantes, la Cour constitutionnelle.* »

L'article 52 de la loi organique n °13/026 du 15 octobre 2013 portant organisation et fonctionnement de la Cour constitutionnelle dispose, à son tour, « *qu' hormis les traités et accords internationaux, toute personne peut invoquer l'inconstitutionnalité des actes cités à l'article 43 de la présente loi organique dans une affaire qui la concerne devant une juridiction.* »

Le véritable débat est de savoir si cette exception d'inconstitutionnalité peut être soulevée devant la chambre de discipline ? Et quelle sera donc l'attitude du juge disciplinaire lorsqu'elle venait d'être soulevée par le magistrat poursuivi disciplinairement ?

La Chambre provinciale de discipline du Katanga, dans sa décision n° CSM/ KTGA/RD 024 du 14 mars 2013, avait fait remarqué au magistrat X quant à l'inconstitutionnalité de certaines dispositions de la loi organique n° 08/013 du 05 août 2008 portant organisation et fonctionnement du Conseil supérieur de la magistrature et celles du règlement intérieur dudit organe, qu'elle n'est pas compétente pour se prononcer sur la question et a déclaré l'exception sans objet.

Critiquant cette position de la chambre de discipline du Katanga, les auteurs de « recueil de jurisprudence en matière disciplinaire du magistrat » ont estimé que le magistrat poursuivi a voulu saisir la

Cour constitutionnelle par la procédure de l'exception d'inconstitutionnalité qu'il a évoquée devant la chambre de discipline.

La chambre, en réponse, s'est déclarée incompétente d'une part et d'autre part a déclaré l'exception sans objet. Il y a lieu de relever une contradiction : - *Incompétence* : Dès que la chambre se déclare incompétente, elle ne peut plus continuer. Cela ressemble à la fermeture de la porte d'entrée d'une maison à un visiteur. – *Sans objet* : La chambre s'est prononcée sur l'objet de la demande après l'avoir examiné.[225]

Par contre, la Chambre provinciale de discipline du Nord-Kivu, face à cette exception d'inconstitutionnalité soulevée dans la cause sous RD 067 portant sur la violation du principe du juge naturel consacré par la constitution et l'illégalité de certains actes de procédure avait rendu une décision avant dire droit en rejetant tout simplement ce moyen exceptionnel qu'elle a estimé recevable mais non fondé. [226]Une façon pour cette chambre de se prononcer sur le fondement d'exception inconstitutionnalité. Autrement dit ce juge disciplinaire s'était substitué à la cour constitutionnelle.

Il n'est pas aisé de trancher sur la question. Toutefois, le Conseil supérieur de la magistrature doive apporter des éléments précis quant à cette préoccupation et ce, en saisissant la Cour constitutionnelle en interprétation des dispositions de la loi organique portant organisation et fonctionnement dudit organe concernant la possibilité pour un magistrat de soulever cette exception devant cette instance disciplinaire considérée comme une juridiction administrative spécialisée.

Dans l'attente dc l'arrêt de la Cour constitutionnelle, la chambre de discipline saisie à chaque fois d'exception d'inconstitutionnalité doit en principe décréter la surséance vu qu'étant une juridiction ordinale, sa vocation est celle de réprimer les comportements fautifs déontologiques des magistrats plutôt que de risquer de se substituer à la Cour Constitutionnelle.

---

[225] Conseil supérieur de la magistrature (RDC), *Recueil de jurisprudence en matière disciplinaire du magistrat*, op.cit. p41

[226] Décision avant dire CSM/ RD 067 du 08 juin 2020.

B. Exception de nullité de procédure disciplinaire.

Elle concerne généralement les actes de procédure qui entachent l'action disciplinaire engagée contre un magistrat. Ces irrégularités sont de nature à emporter annulation de la procédure disciplinaire entreprise.

A titre illustratif :

1. L'absence au dossier disciplinaire ouvert à charge du magistrat des pièces telles que le procès-verbal de constat de faute disciplinaire, le procès-verbal d'audition des parties, le rapport du magistrat enquêteur sur les faits reprochés au magistrat. En effet, cela non seulement constitue un acte d'irrégularité ayant entaché l'action disciplinaire engagée contre un magistrat, mais également met la chambre de discipline dans l'impossibilité de vérifier la matérialité des préventions disciplinaires libellées contre lui aux fins de statuer en toute connaissance de cause, et en guise de conséquence, la chambre mettra fin aux poursuites disciplinaires engagées contre ce magistrat.[227]

2. L'absence de saisine : - Lorsque le dossier disciplinaire du magistrat poursuivi a été transmis à la chambre de discipline non par requête aux fins de fixation d'audience mais plutôt par simple lettre de transmission adressée au premier président de la Cour, pris en cette qualité seulement, cette lettre ne peut valoir requête suivant l'esprit et la lettre de l'article 56 de la loi portant statut des magistrats qui impose la fixation formelle par transmission au président de la chambre de discipline compétente.

   Il faut noter que l'absence de la requête aux fins de fixation d'audience au dossier disciplinaire pour que le Conseil supérieur de la magistrature soit régulièrement saisi constitue

[227] Décision RD/CSM 001/BDD du 08 novembre 2010 de la chambre provinciale de discipline de Bandundu

une irrégularité qui entraine ipso facto l'annulation de la procédure entamée contre le magistrat poursuivi.[228](*v.* commentaire de l'envoi du dossier en fixation devant la chambre de discipline)

3. La violation de l'article 53 alinéa 1er du statut des magistrats. Une procédure disciplinaire engagée contre un magistrat sur base d'un procès-verbal d'audition non signé par lui soit sans qu'il ne soit entendu par le magistrat enquêteur emporte annulation de la procédure disciplinaire.[229]

C. *Le déport et la récusation des membres de la composition.*

Les membres du Conseil supérieur de la magistrature sont susceptibles de récusation et sont tenus de se déporter dans l'une des conditions prévues par l'article 49 de la loi organique n°13/011-B portant organisation, fonctionnement et compétences des juridictions de l'ordre judiciaire.[230]

Si cette situation se révèle à l'audience introductive d'instance, la solution consistera au renvoi de la cause à une autre audience ultérieure avec une nouvelle composition.

Il sied de noter que la proposition de récusation doit se faire avant l'ouverture du débat par une déclaration motivée et actée au greffe.

D. *L'irrégularité de la composition.*

Une décision disciplinaire ne peut répondre à cette qualification qu'autant que la chambre de discipline qui l'a rendue était légalement constituée.

---

[228] Décision RD/CSM 009 du 18 décembre 2010 de la chambre provinciale de discipline de Kinshasa/Gombe, Décision RD 003/09, 27/03/2010, CSM CPD Bas-Congo, RD/CSM 0009, 18/12/2010, CSM-CPD Kinshasa/Gombe.

[229] Décision RD/CSM 0021 de la chambre de disciplinaire de Kinshasa-Gombe du 07 avril 2012.

[230] Article 63 de la loi organique sur le statut des magistrats.

Ce formalisme s'articule propicement en jurisprudence avec les articles 22 à 27 de la loi organique portant organisation et fonctionnement du CSM selon lequel les décisions rendues en dernier ressort doivent être annulées lorsqu'elles ont été rendues par une composition irrégulière, ce qui constitue un moyen de nullité d'ordre public.

Devant la chambre provinciale de discipline du Nord-Kivu, à plus de deux reprises le moyen tiré d'irrégularité de la composition venait d'être soulevé par les magistrats poursuivis respectivement dans les affaires enrôlées sous RD 067 et RD 069.

Dans toutes ces causes, le débat a porté essentiellement sur la validité des actes posés par certains juges comme membre du Conseil supérieur de la magistrature. L'argument consistait à relever que seuls les membres du Conseil supérieur de la magistrature ont qualité de siéger au sein de cette instance disciplinaire. Que sans distinction de catégorie des membres, l'article 11 bis du Règlement intérieur du Conseil supérieur de la magistrature dispose qu'après vérification par le bureau, l'Assemblée générale est appelée à valider au cours d'une session plénière le mandat de chaque membre.

Cette formalité en tant que manifestation de la légalité permet aux membres de poser valablement certains actes dans le cadre des activités du Conseil supérieur de la magistrature ; en l'occurrence celle de siéger comme juge dans la chambre disciplinaire. Or, il se dégage selon les conseils de ces magistrats incriminés que deux membres de la composition n'ont jamais vu leur mandat être validé ; l'un, en son temps, étant suppléant du titulaire dont seul le mandat était validé ; l'autre venait à peine d'être désigné par son chef hiérarchique.

Face aux arguments développés ci-haut pour démontrer l'irrégularité de la composition, la chambre avec ses deux compositions différentes dans les causes sus-indiquées avait rejeté le moyen au motif de la théorie de la circonstance exceptionnelle liée à la situation du confinement du pays, laquelle ne pouvant pas permettre à l'assemblée générale de pourvoir à ladite formalité.

Ce qui, à notre avis, constitue la reconnaissance par elle de la pertinence de cette formalité de validité du mandat des membres appelés à siéger au sein de cette instance disciplinaire quoi qu'elle a tenté de justifier sa position par rapport à la théorie de circonstance exceptionnelle. Quant à la composition statuant dans l'affaire sous RD 069, la chambre a estimé que le suppléant ne venait que parachever le mandat du titulaire, muté dans un autre ressort. Une fois de plus, la Chambre a implicitement reconnu l'importance de cette formalité de validité du mandat des membres du CSM.

D. La prescription

Le cadre normatif de droit disciplinaire des magistrats congolais dispose qu'aucune procédure disciplinaire ne pourra être engagée au-delà d'un an à dater de la connaissance des faits par le Président du Conseil supérieur de la magistrature.

Celui-ci est présumé avoir eu connaissance des faits à la date de réception de la plainte ou de la dénonciation à son secrétariat ou au secrétariat de la chambre de discipline. En ce qui concerne les fautes disciplinaires constatées suivant l'article 50 de la loi organique portant statut des magistrats, un exemple du procès-verbal de constat de faute disciplinaire est transmis dans le délai de 15 jours au président du Conseil supérieur de la magistrature. Ce dernier est présumé avoir eu connaissance à la date de la réception de ce procès-verbal[231].

Il se dégage de la disposition sus-évoquée que le principe demeure la prescriptibilité de la procédure disciplinaire du magistrat. En revanche la confusion réside au point de départ de cette prescription. Faudra-t-il s'atteler comme point de départ au jour de la commission des faits ? (Voir art 64 de la loi sur le statut des magistrats) ou de prendre en compte le jour où le Président du Conseil supérieur de la magistrature a pris ou aurait pris connaissance des fautes commises par le magistrat ? (Voir art 32 de la loi sur le CSM).

Le Règlement intérieur du Conseil supérieur de la magistrature et la jurisprudence en matière disciplinaire tranche pour la prescription

---

[231] Article 49 du règlement intérieur du Conseil supérieur de la magistrature

de l'action disciplinaire à un an révolu après connaissance des faits par le président du Conseil supérieur de la magistrature.

Toutefois, lorsque les faits sont constitutifs d'une infraction à la loi pénale, l'action disciplinaire se prescrit en même que l'action publique[232]. Les causes d'interruption prévues en matière pénale sont applicables, mutatis mutandis, à l'action disciplinaire.

Enfin il faut souligner que la loi est muette quant à l'institution de la prescription en matière des sanctions disciplinaires. Ce silence traduirait peut être la volonté du législateur de voir le magistrat condamné à une sanction disciplinaire de purger effectivement sa peine quel que soit le temps écoulé.

Il va dès lors de soi que cette exception d'ordre public peut être soulevée en tout état de la procédure avec comme conséquence d'anéantir l'action disciplinaire ouverte à charge du magistrat.

Conduite des affaires disciplinaires : ordre à suivre. Il appartient à la chambre d'établir si une faute a été commise et d'en préciser la nature et l'importance. Après ouverture de l'audience par le président de céans, la parole est accordée au magistrat rapporteur pour la lecture d'extrait de rôle ; la chambre vérifie sa saisine, fait acter la comparution du magistrat mis en cause, du plaignant, s'il y en a un, et éventuellement des témoins. Par la suite va suivre la lecture du rapport d'enquête, de la plainte ou de la dénonciation, l'audition du magistrat poursuivi, des témoins et du plaignant, la clôture des débats, et la parole est donnée en dernier lieu au magistrat poursuivi. Enfin la cause sera prise en délibéré pour recevoir prononcé dans un délai de trois jours.[233]

Si la lecture du rapport d'enquête se comprend aisément dans l'hypothèse d'une affaire qui a fait l'objet d'une procédure antérieure à l'audience, il n'en est pas de même de celle de la citation directe au moyen d'une plainte émanant soit du ministre nationale de la justice soit de toute personne intéressée. Dans ce cas, semble-t-il, que les

[232] Article 64 de la loi portant statut des magistrats.
[233] Article 58 de la loi organique sur le statut des magistrats.

dépositions du plaignant et des témoins pourraient suppléer à l'absence du rapport d'enquête. Les chambres disciplinaires devraient également jouer un rôle actif dans la recherche de la vérité, le plus important étant le respect, par tous les magistrats, des règles relatives à l'éthique et à la déontologie professionnelle et non de sacrifier, à tout prix, à un formalisme tatillon.[234]

La procédure de l'instruction est écrite. L'oralité des débats est garantie, ce qui n'empêche pas au magistrat rapporteur d'acter tout ce qui se dit et se fait. Car les membres de la composition pourront se référer à la feuille d'audience au moment des délibérations.

SECTION 3. LE DELIBERE ET LE PRONONCE DES DECISIONS DISCIPLINAIRES

Après une ou plusieurs audiences, le juge disciplinaire prend l'affaire en délibéré. Cela signifie qu'il reprend le dossier pour l'étudier avant de prononcer sa décision à cette date à l'issue du délibéré.

§1. Le délibéré

Le délibéré est une étape de l'instance au cours de laquelle les membres de la composition, échangent leurs opinions afin d'aboutir à une décision commune. Les juges disciplinaires passent en revue tous les problèmes aussi bien des faits que de droits soulevés lors de l'instance : comparution des parties, les incidents de la procédure, les circonstances atténuantes etc.

Les délibérés sont secrets. Ils ont souvent lieu en chambre du conseil ; mais rien n'empêche que la chambre délibère sur les bancs. Les membres de la composition sont tenus au secret professionnel au sujet de leur opinion personnelle que des opinions émises par les autres. Les décisions de la chambre disciplinaires sont prises à la

[234]Conseil supérieur de la magistrature (RDC), *Guide pratique de procédure disciplinaire des magistrats*, op.cit. p.68

majorité de ses membres au moins à deux voix sur trois .[235] Un membre de la composition est désigné par le président de la composition pour rédiger le projet de décision à soumettre à l'examen par les autres pour correction. Il peut s'agir des décisions de forme et décisions de fond.

L'opinion dissidente n'est pas prévue par la procédure disciplinaire des magistrats congolais. Pourtant François Rigaux note que le collège qui délibère fonctionne à l'instar d'un Parlement. Une majorité se dessine, et les raisons de décider peuvent différer d'un membre à l'autre, même s'ils concourent sur le résultat.

L'arithmétique qui sépare la majorité de la minorité ne satisfait pas davantage à l'exigence de rationalité de jugement : une décision est-elle juste parce qu'elle a recueilli la majorité de suffrage ? A-t-on pesé la sagesse et l'expérience de ceux qui participent à la délibération ? Sans doute le système qui n'autorise pas l'expression d'opinions séparées repose-t-il aussi sur la recherche de la majorité, mais celle-ci reste anonyme , en sorte que , sauf cas exceptionnel (par exemple la reformation d'un acquittement en première instance ou l'aggravation de peine, lesquelles exigent la constatation de l'unanimité des juges d'appel, conformément à l'article 21 bis du code d'instruction criminelle) le justiciable ne pourra jamais savoir si une décision de justice a été unanime ou seulement prise à la majorité des suffrages.[236]

Donc, pour contribuer à l'émergence de droit disciplinaire des magistrats congolais, l'opinion dissidente reste un système à soutenir.

§2.Le prononcé

Le délai du prononcé est de trois jours tout au plus tard après la clôture des débats.[237] Le retard pour la chambre de prononcer sa décision n'est pas une cause d'annulation de cette décision.

---

[235] Article 59 de la loi organique portant statut des magistrats.

[236] Rigaux (F)., « Opinions dissidentes, opinions séparées et opinions convergentes : l'unanimité dans l'exercice de la fonction judiciaire. » in *www. sfdi.org*. p.574.

[237] Article 59 Loi portant statut des magistrats.

La décision de la chambre de discipline est prononcée à l'audience à huis clos en présence du magistrat concerné. Tout comme elle peut également être prononcée en l'absence de ce dernier. Elle est signée par le président et les autres membres de la composition.

SECTION 4. LA NOTIFICATION DE LA DECISION DISCIPLINAIRE

Une fois prononcée, la décision disciplinaire est notifiée au magistrat poursuivi. La notification se fait, par truchement du greffier disciplinaire, à la diligence du président de la composition ayant prononcé la décision.
Les modes de notification sont identiques à ceux de droit commun :

1. *Signification à personne*

La signification de la décision disciplinaire est faite en parlant au magistrat poursuivi en personne, peu importe le lieu où il se trouve, pourvu que ce soit sur le territoire de la République démocratique du Congo.

2. *Signification à domicile*

La signification se fera, selon l'ordre de préférence établi par la loi, aux personnes ci-après :

- A un parent ou allié du magistrat ou, à l'absence de ces derniers ;
- À son serviteur (domestique), ou ; à défaut ;
- À un voisin ou encore ;
- Lorsque le magistrat concerné habite ou est domicilié dans une circonscription coutumière, au chef de la subdivision coutumière ou de la chefferie ou au chef du groupement coutumier.

3. *Signification par édit et missive*

La signification se fera par :

- L'envoi au magistrat poursuivi d'une copie de la décision, soit sous pli fermé mais à découvert, recommandée à la poste avec avis de réception ou

- remise audit magistrat d'une copie de la citation par un messager ordinaire contre accusé de réception daté et signé soit par le magistrat lui-même soit par l'une des personnes citées au point 2 ci-haut.[238] Si la personne qui a reçu la décision refuse de signer le récépissé ou d'indiquer sa qualité, la chambre de discipline décidera, au regard des éléments de preuve en sa possession, si la signification est ou non valable.

4. Signification par édit et publication.

Si le magistrat poursuivi n'a ni domicile ni résidence connus en RDC mais a un autre domicile ou résidence connus, la signification se fera par :

- Affichage d'une copie de la décision à la porte principale de la chambre de discipline ou de la Cour dans le ressort duquel elle se trouve et
- Expédition d'une autre copie de la décision au magistrat en cause, sous pli fermé mais à découvert recommandée à la poste.[239]

Si le magistrat n'a ni domicile ni résidence connus en RDC, la signification se fera par :

- L'affichage d'une copie de la décision à la porte principale de la chambre de discipline ou de la Cour dans le ressort duquel elle se trouve et ;
- La publication d'une autre copie de la même décision au journal officiel ou, sur décision de la chambre de discipline, à un journal qu'elle déterminera.[240]

---

[238] Article 60 du code de procédure pénale.
[239] Article 1, alinéa 1 du code de procédure pénale.
[240] Article 61, alinéa 2 du code de procédure pénale.

CHAPITRE 9.

LES VOIES DE RECOURS

Tout magistrat auquel la décision de la chambre provinciale de discipline fait grief, a la possibilité d'interjeter appel contre cette décision devant la chambre nationale de discipline. L'exercice de cette voie de recours relève ainsi d'un droit à un procès équitable.

Par contre la chambre nationale de discipline statue en premier et dernier ressort dans les affaires concernant les magistrats justiciables devant elle.

Outre la voie d'appel qui est formellement consacrée par le cadre normatif de droit disciplinaire des magistrats congolais (Section 1), il existe des autres voies de recours susceptibles d'être exercées par le magistrat condamné. (Section 2)

SECTION 1. APPEL : UNIQUE VOIE DE RECOURS ORGANISE EN MATIERE DISCIPLINAIRE DES MAGISTRATS CONGOLAIS.

Le droit disciplinaire des magistrats congolais de l'ordre judiciaire et administratif n'a prévu qu'une seule voie de recours, à savoir : « *l'appel*». Son examen permet de dégager les conditions relatives à l'organisation de cette voie de recours, les personnes ayant qualité pour interjeter appel, la forme d'appel, les institutions devant lesquelles l'appel doit être formé, le délai de l'appel et les effets de l'appel.

§1. Le siège de la matière.

L'appel en matière disciplinaire est spécialement régi par l'article 60 de la loi portant statut des magistrats. Les articles 30 et 50 respectivement de la loi organique et du règlement intérieur du conseil supérieur de la magistrature font allusion également à cette voie de recours mais en des termes un peu contradictoire aux prescrits de l'article 60 de la loi portant statut des magistrats quant aux effets notamment de l'exercice d'appel.

Matadi Nenga (G) rappelle que l'appel a pour objet le contrôle de la validité formelle et du fondement du jugement du premier degré de même que de la régularité de la procédure au terme de laquelle ce jugement a été rendu ; de ce fait, il permet de faire sanctionner aussi bien les vices de fond que les vices de forme du jugement entrepris.[241]

L'appel interjeté par le magistrat condamné permet donc en général d'obtenir la rectification des erreurs que le premier juge avait commises. Les règles de procédure à suivre demeurent identiques comme pour l'instruction de première instance avec la différence que la comparution personnelle du magistrat poursuivi n'est pas obligatoire à ce stade. Il peut se faire représenter par son conseil à moins que la chambre nationale de discipline en décide autrement.

§2. Personnes qui peuvent interjeter appel

La faculté d'interjeter appel contre les décisions disciplinaires appartient qu'au magistrat poursuivi et au président du Conseil supérieure de la magistrature. Ce droit n'est pas accordé à la partie plaignante et au ministre national de la justice et garde de sceaux.

Le magistrat poursuivi à qui la loi reconnait ce droit au sens de l'article 31 de la loi organique sur le CSM n'est pas justiciable devant la Chambre nationale de discipline. Certains magistrats au regard de l'article 23 de la loi sus-évoquée sont exclus du bénéfice du double degré de juridiction consacré par l'article 21 al 2 de la

[241] KOHL (A)., *L'appel en droit judiciaire*, Ed. Swinnen H., Bruxelles, 1990, n° 2. Cité par Matadi Nenga (G) in *droit judiciaire privé*, p 418.

Constitution pourtant le principe a un fondement constitutionnel en l'incluant dans le concept plus large de « droits de la défense », en tant que principe fondamental reconnu par les lois de la République.

Cette disposition légale écartant les personnes visées énerve les règles d'un procès équitable dans la mesure où ces magistrats sont privés du droit de double degré de juridiction, leur carrière étant mise en jeu sans possibilité d'interjeter appel dans l'hypothèse où il y aurait mal jugé. Il y a donc nécessité de revoir cet article 23 de la loi organique sur le CSM afin de respecter les droits de la défense.

§3. Institutions devant lesquelles l'appel est formé

L'appel contre la décision de la chambre provinciale de discipline peut être formé devant le président de la chambre de discipline qui a rendu la décision ou le président du Conseil supérieur de la magistrature.[242]

Il est formé par lettre missive adressée au président de la chambre provinciale de discipline qui a rendu la décision ou au président du conseil supérieur de la magistrature.

Est donc irrecevable l'appel formé au greffe de la Cour de cassation ou d'une Cour d'appel, encore moins celui formé par lettre missive adressée à l'un des greffes près ces cours[243].

§4. Délai d'appel

Contrairement au procès pénal où l'on peut distinguer trois sortes de délais en matière d'appel (délai ordinaire, délai de distance et délai prorogé en faveur du ministère public), la procédure disciplinaire des magistrats congolais n'a consacré qu'un seul type de délai, à savoir : le délai ordinaire.

Le délai d'appel est de trente jours. Il commence à courir à dater de la notification des décisions en cause.[244] Il s'agit concrètement du

[242] Article 31, alinéa 2 de la loi organique portant organisation et fonctionnement du CSM.

[243] Décision RD 007/ CDN du 29 août2011.

[244] Article 30, alinéa 2 de la loi organique portant organisation et fonctionnement du CSM.

jour de la notification de la décision en cause au magistrat condamné et du jour de la réception de la décision disciplinaire au secrétariat permanent du Conseil supérieur de la magistrature pour ce qui est du président dudit Conseil.

§5. Formes d'appel

Le droit disciplinaire des magistrats congolais de l'ordre judiciaire et administratif ne prévoit pas la forme obligatoire de l'appel. La loi se borne de relever simplement que l'appel est formé par lettre missive. Dans la pratique le magistrat peut aussi former son appel sur le banc. Dans les deux hypothèses, il est toujours souhaitable de le formaliser par l'établissement d'un acte d'appel lequel devrait être dressé par le greffier ou le point focal selon le cas.

Il est à noter que la loi reste également muette sur les mentions constitutives obligatoires de l'acte d'appel. Toutefois, comme en droit commun, l'acte d'appel doit préciser son auteur, la décision contre laquelle il est formé et ses motifs.[245]

§6. Effets non suspensif de l'appel disciplinaire

L'article 60 de la loi portant statut des magistrats prévoit que l'appel est suspensif de l'exécution de la sanction, c'est-à-dire qu'une fois le recours exercé, il y a suspension du caractère exécutoire de la décision attaquée.

En revanche l'article 30, alinéa 3 de la loi organique portant organisation et fonctionnement du CSM dispose que l'appel n'est pas suspensif. Sous cet angle l'appel porte alors deux effets principaux, à savoir :

- Il n'est pas suspensif de l'exécution des décisions disciplinaires et ; [246]

---

[245] Conseil supérieur de la magistrature(RDC), Guide pratique de procédure disciplinaire des magistrats, *op. cit,* p85

[246] Article 30 de la loi organique portant organisation et fonctionnement du Conseil supérieur de la magistrature et 50, alinéa 2 du Règlement intérieur du Conseil supérieur de la magistrature.

- Il oblige le Président de la chambre disciplinaire qui a pris la décision en cause à transmettre le dossier disciplinaire y relatif à la chambre nationale de discipline[247].

Deux problèmes majeurs de droit se posent dans la pratique quant à la mise en œuvre d'exercice de cette voie de recours, à savoir : la contradiction des textes sur les effets d'appel et l'imprécision qui caractérise la nature d'appel dès lors qu'il porte sur la forme.

A. Contradiction des textes sur les effets suspensifs d'appel

Les articles 60, alinéa 4 et 30 alinéa 3 des lois sus-évoquées sont en contradiction quant aux effets d'appel. Le Règlement intérieur du Conseil supérieur de la magistrature, tout en rappelant que la procédure disciplinaire des magistrats est organisée par les articles 20 à 32 de la loi portant organisation et fonctionnement dudit Conseil et 50 à 60 de la loi portant des statuts des magistrats, souligne que l'appel n'est pas suspensif.

Cette contradiction suscite une controverse autour de la valeur de la norme et des principes généraux de droit.

D'après Masani Matshi, en application du principe général de droit qui veut que la loi postérieure abroge la loi antérieure, il est d'avis donc que c'est la loi organique sur l'organisation et le fonctionnement du Conseil supérieur de la magistrature qui doit être appliquée sur ce point précis pour faire allusion aux effets de l'appel. Il considère que l'appel n'est pas suspensif de l'exécution de la sanction.[248]

Cette position est réconfortée par les auteurs de « guide pratique de procédure disciplinaire du magistrat » qui soutiennent que l'article 60 de la loi portant statut des magistrats est abrogée en vertu de l'article 47 de la loi organique portant organisation et fonctionnement du Conseil supérieur de la magistrature aux termes duquel : « toutes les dispositions législatives (..) relatives au statut des magistrats et au

---

[247] Article 31, alinéa 3 de la loi organique supra.

[248] Masani Matshi (H), *op.cit.*, p.27

Conseil supérieur de la magistrature contraires à la présente loi organique sont abrogées ». D'où l'application de l'adage « *lex posterior lex melior* ».

Cet argument est fondé dès lors que cet article 60 de la loi portant statut des magistrats est contraire à la loi organique sur le fonctionnement du conseil supérieur de la magistrature.

B. L'imprécision qui caractérise les effets d'appel contre une décision disciplinaire avant dire droit rendue sur la forme.

Les articles 60 et 30 des textes sus-évoqués organisant l'appel en matière disciplinaire des magistrats congolais restent muets sur les effets de l'appel interjeté contre une décision disciplinaire avant dire droit rendue sur la forme.

La Chambre provinciale de discipline du Nord-Kivu dans plusieurs affaires notamment sous RD 067 et RD.069,[249] avait entamé respectivement le fond de la cause et ce, malgré les appels interjetés contre les décisions avant dire rendues sur les moyens de la forme.

Cette Chambre a estimé qu', en l'espèce, l'appel interjeté contre une décision disciplinaire avant dire sur la forme n'est pas suspensif au même titre que celui de la décision rendue quant au fond, car le contraire serait une façon de dilater la procédure afin de paralyser l'action disciplinaire.

Compte tenu de très nombreuses difficultés procédurales rencontrées par les praticiens du droit et la confusion générale générée par les dispositions précitées, le recours au droit commun s'avère indispensable. Le juge disciplinaire peut donc joindre au fond tous les moyens exceptionnels .Néanmoins, la réforme est nécessaire afin de disposer d'une voie procédurale permettant d'obtenir rapidement une décision au fond dans des délais plus rapide; procédure qu'en droit comparé est qualifiée de « *procédure accélérée au fond* » qui

[249] Décision avant dire droit. CSM. RD 067 et 069.

prévaut désormais pour mettre en évidence le fait qu'il s'agit d'une décision statuant au fond mais obtenue rapidement. [250]

SECTION 2. AUTRES VOIES DE RECOURS.

Une lecture approfondie du cadre normatif de droit disciplinaire des magistrats congolais de l'ordre judiciaire et administratif permet de penser en droit interne autour de l'existence des autres voies de recours, en l'occurrence, le recours en annulation pour inconstitutionnalité de la décision disciplinaire et le pourvoi en cassation de la décision disciplinaire.

L'opposition étant exclue parmi les voies de recours en matière disciplinaire des magistrats congolais. Aux termes de l'article 58 alinéa 3 de la loi organique portant statut des magistrats « *si, hors le cas de force majeure, le magistrat poursuivi ne comparait pas, le conseil supérieur de la magistrature peut néanmoins statuer valablement. La décision est réputée contradictoire.* » Cette disposition légale n'ouvre pas la voie à l'opposition qui demeure concevable pour les décisions par défaut.

Un avant-projet de la proposition de la loi organique modifiant et complétant la loi portant statut des magistrats est actuellement en cours. A son article 61, il envisage dans le cas où une peine disciplinaire a été prononcée avant que la juridiction judiciaire ait statué définitivement, le magistrat peut, si cette dernière l'a renvoyé des fins des poursuites, faute de preuve ou a déclaré l'action non fondée, demander la révision de la mesure disciplinaire. Il s'agit par-là d'une possible introduction de la révision comme voie de recours dans la procédure disciplinaire des magistrats congolais.

[250] Mehdi Kebir, « Procédure accélérée au fond devant les juridictions judiciaires » in *www. revue Dalloz. actualité.fr*

§1. Le recours en annulation pour inconstitutionnalité

Le recours en annulation pour inconstitutionnalité des décisions des chambres disciplinaires n'est pas prévu formellement par le cadre normatif de droit disciplinaire des magistrats congolais.

Cependant en interrogeant la constitution, plus précisément à son article 162 al 2, il est possible d'envisager que ce recours reste ouvert par voie d'action ou d'exception. Il va revenir donc au magistrat poursuivi ou à toute personne intéressé qui voudrait en faire usage de prouver en quoi la constitution a été violée.

Les commentaires y afférant se trouvent au chapitre précédent relatif à la question d'exception d'inconstitutionnalité comme incident dans le cadre de la procédure disciplinaire des magistrats congolais.

§2. Le recours en cassation de la décision disciplinaire

Le contentieux administratif en République démocratique du Congo est régi par la loi organique n° 16/027 du 15 octobre 2016 portant organisation et fonctionnement des juridictions de l'ordre administratif.

Dans l'exposé des motifs[251], il ressort qu'aux termes de la susdite loi que les juridictions de l'ordre administratif sont constituées d'une part, des juridictions administratives de droit commun, régies par la présente loi organique, à savoir le Conseil d' Etat, les Cours administratives d'appel et les Tribunaux administratifs et d'autre part, des juridictions administratives spécialisées, dont la Cour des comptes, les juridictions disciplinaires des administrations publiques ou des ordres professionnels, régies par des lois particulières visées à l'article 149 alinéa 6 de la constitution.

A quel niveau interviendra-t-il alors le contrôle du juge administratif sur le contentieux disciplinaire des magistrats

[251] Exposé des motifs de la loi organique n° 16/027 du 15 octobre 2016 portant organisation et fonctionnement des juridictions de l'ordre administratif.

congolais. ? En effet, la loi organique susvisée souligne le rattachement des juridictions administratives spécialisées aux juridictions de l'ordre administratif par le biais, soit de l'appel, lorsque le degré d'appel n'y est pas organisé, soit de la cassation, comme conséquence de la constitutionnalité de la garantie des droits de la défense.

Le contrôle des décisions disciplinaires est exercé ainsi à titre principal, par le juge administratif qui est le juge de droit commun.

En droit comparé, la doctrine et la jurisprudence s'accordent à reconnaitre le statut d'une juridiction au Conseil supérieur de la magistrature lorsqu'il siège comme instance disciplinaire et en conséquence est doté d'un pouvoir de décision. Il y a lieu de considérer que la chambre de discipline est une juridiction administrative spécialisée. Partant sa décision est susceptible de cassation administrative. A ce titre dans son arrêt l'*Etang* du 12 juillet 1969, le Conseil d'Etat français s'est reconnu d'office la compétence pour connaitre, par voie de recours de cassation, des sanctions disciplinaires infligées aux magistrats du siège.[252]

Dans l'ordre juridique interne congolais, le Professeur Botakile Batanga note que les organes disciplinaires des ordres professionnels et de certaines administrations actives, dites administrations contentieuses, lorsque qu'ils sont dotés de pouvoir de décision pour régler des différents inter ou extra-professionnels, ont le statut de juridiction spécialisée de l'ordre administratif. Et aujourd'hui, tous ces organes disciplinaires des ordres professionnels sont rattachés aux Cours administratives d'appel et au Conseil d'Etat, soit par voie d'appel, si cette procédure d'appel n'est pas organisée à l'interne, soit par voie de cassation, comme conséquence découlant de la constitutionnalisation de la garantie de droits de la défense, qui

[252] Conseil d'Etat, Assemblée, 12 juillet 1969, L'Etang, requête numéro 72480, publiée au recueil, in revue générale de droit. En raison de la nature de ses pouvoirs, comme d'ailleurs de sa composition et ses règles de procédure, En substance, le Conseil supérieur de la magistrature statuant comme conseil de discipline des magistrats du siège a un caractère juridictionnel et relève, en raison de nature litige qui lui sont soumis, du contrôle de Cassation du Conseil d'Etat statuant au contentieux.

inclue le droit au double degré de juridiction. C'est à ce titre qu'ils sont des juridictions administratives spécialisées.[253]

Le Conseil d'Etat demeure donc compétent pour connaitre la décision définitive de la chambre de discipline en cassation. Et il est de principe que le juge de fond peut statuer sur la forme. Dans ce sens, le juge administratif peut statuer par voie de référé-suspension de l'exécution décision disciplinaire.

[253] Botakile Batanga, *op.cit.*, p 36.

CHAPITRE 10.

EXECUTION DES DECISIONS DISCIPLINAIRES

L'exécution effective des décisions de la chambre de discipline préoccupe de plus en plus le Conseil supérieur de la magistrature parce que soucieux de la nécessité de redorer l'image de la justice congolaise et du crédit qui s'y attache à travers le contrôle des comportements des magistrats.

L'idée faisant son chemin, qu'à ce jour, il incombe aux différentes institutions intervenantes de veiller à l'exécution effective des décisions disciplinaires et ce, par une action attentive afin de fournir au Conseil supérieur de la magistrature les moyens propres de maintenir la discipline au sein du corps des magistrats congolais.

Le législateur se montrait moins bavard quant aux modalités pratiques d'exécution des décisions de la chambre de discipline. Comment l'exécution de la décision disciplinaire est-elle organisée concrètement**?** (section 1) ; est-il possible de suspendre l'exécution de la décision disciplinaire ? (Section 2) et qu'en est-il de l'exécution de ces décisions quant aux frais d'instance disciplinaire ? (Section 3).

SECTION 1. L'EXECUTION DE LA DECISION DISCIPLINAIRE : ORGANISATION ET MISE EN ŒUVRE

Il importe de situer de prime abord la base légale (*§1*) dont l'économie permettra de saisir ensuite la portée, en l'occurrence l'organisation et la mise en œuvre dans la pratique de l'exécution des décisions disciplinaires selon le type des sanctions. (§2) et les effets y relatifs (§3).

§1. Base légale

Aux termes de l'article 60 de la loi portant statut des magistrats « *La décision du Conseil supérieur de la magistrature est notifiée au magistrat poursuivi par les soins du Président de la chambre ayant connu la cause.* »[254]

Cette disposition légale demeure l'unique article du cadre normatif de régime disciplinaire des magistrats congolais qui traite de l'exécution de la décision de la chambre de discipline. Cependant elle ne résout pas toutes les questions pratiques relatives à l'exécution de décisions disciplinaires. L'article vise essentiellement la notification de la décision disciplinaire sans apporter la moindre lumière sur autres préoccupations notamment la possibilité de la suspension d'une exécution de la décision disciplinaire et la spécificité d'exécution pour chaque type de sanction.

§2. Organisation et mise en œuvre d'exécution des décisions disciplinaires.

Comment faire exécuter les décisions rendues par le juge disciplinaire à l'encontre des magistrats condamnés ?

Le Conseil constitutionnel français considère que l'exécution des décisions de la justice est le corollaire du droit à un recours juridictionnel effectif (*v.* Cons. Const, décision numéro 2014-455.QPC du 6 mars 2015, M. Jean de M)[255]. Cette philosophie a conduit la Cour européenne des droits de l'homme à considérer que l'exécution d'une décision de la justice fait partie intégrante du procès équitable au sens de l'article 6 de la Convention européenne des Droits de l'Homme et des libertés fondamentales. (CEDH, 19 mars 1997, Hornsby c. Grèce)[256].

---

[254] Article 60 de la loi portant statut des magistrats.

[255] CAILLE,(P)., *Contentieux administratif,* 3 édition, juridiques franco-allemande,2018 p.152

[256] Commission européenne pour l'efficacité de la justice (CEPEJ), *systèmes judiciaires Européens. Efficacité et qualité de la justice. Les études de la CEPEJ* N° 20, (2015), Editeur Conseil de l'Europe, pp 423-450.

Il s'agit, en substance, de donner effet à des décisions de justice, ainsi qu'à d'autres titres exécutoires, qu'ils soient judiciaires ou non judiciaires, conformément à la loi qui oblige le magistrat poursuivi à subir ce qui a été décidé.

Pour le législateur congolais en considération de l'article 60 de la loi portant statut des magistrats, le Président de la chambre ayant connu la cause est tenue d'exécuter sa propre décision par la notification de celle-ci au magistrat poursuivi.

A. Personnes chargées de l'exécution de la décision disciplinaire selon les types des sanctions prononcées.

La responsabilité d'exécuter les décisions disciplinaires rentre en principe dans la prérogative du Président de la chambre ayant connu la cause. Toutefois, l'effectivité de cette exécution appellera une certaine interaction avec d'autres instances du Conseil supérieur de la magistrature.

B. Exécution du blâme.

Le cadre normatif du régime disciplinaire des magistrats congolais est muet quant à l'exécution de la décision se rapportant au blâme.

Il y a lieu de noter dès que la décision est prononcée qu'il soit au premier soit au second degré, l'exécution se fait par le soin du président de la chambre ayant connu la cause. Ce dernier a l'obligation de prendre des dispositions nécessaires en vue de notifier la décision au magistrat condamné avec comme effet que le blâme n'est assorti d'aucun délai.

Il est purgé à partir du moment où la chambre de discipline l'a notifié au magistrat concerné selon les modalités sus-évoquées.[257]

---

[257] Conseil supérieur de la magistrature(RDC), *Guide pratique de procédure disciplinaire du magistrat op.cit.* p95.

C. Exécution de la retenue d'un tiers du traitement d'un mois de salaire.

Le silence de la loi est encore à rappeler ici s'agissant de l'exécution de la décision assortie de la sanction de la retenue d'un tiers du traitement d'un mois de salaire des magistrats condamnés. C'est la pratique qui apporte une pierre de plus à l'édifice quant à ce. Le Secrétaire permanent du Conseil supérieur de la magistrature avec le concours de la Cellule des finances et du budget interviennent dans le processus à ce stade.

Les fonds retenus ne devraient pas être utilisés à d'autres fins. Cela faciliterait leur restitution en cas d'acquittement au degré d'appel. Dans l'hypothèse de confirmation de la condamnation en instance d'appel, quelle serait la destination desdits fonds ?

La situation parait délicate dans l'une ou l'autre hypothèse. Le magistrat étant fonctionnaire de l'Etat, est payé par le mécanisme du trésor public. Ainsi, la retenue de ces fonds doit respecter les principes légaux et règlementaires prévus en matière des dépenses publiques. Ces fonds ne pourraient nullement en cas de condamnation servir au fonctionnement de la chambre de discipline qui l'a prononcée. Faire le contraire relèverait d'abus de droit dans le chef des responsables qui seront passibles aux poursuites pénales.

La bancarisation des magistrats demeure également un obstacle quant à l'exécution de cette décision. Le magistrat condamné bien que notifié est seul gestionnaire de son compte bancaire. Il en va de soi que malgré la notification de la décision, il peut retirer son salaire sans moindre heurts. Pour y remédier, d'une part il serait impérieux de notifier la décision aux services intervenants dans le circuit de la paie des magistrats. D'autre part, le Président du Conseil supérieur de la magistrature devrait sans complaisance enclenchée une nouvelle procédure disciplinaire que pénale à l'endroit de magistrat récalcitrant dont la mauvaise foi se révèlerait avérée.

Bref, l'exécution de cette décision est purgée dès lors que la retenue du traitement a eu lieu.

C. Exécution quant à la suspension de trois mois au maximum avec privation de traitement.

Les chefs de juridiction et d'office de parquet sont chargés de l'exécution de la décision de la suspension dès lors qu'elle est notifiée au magistrat condamné. Interviendront également sous l'autre aspect de la sanction, le Secrétaire permanent du CSM pour la privation du traitement avec le concours de la Cellule des finances et du budget. Toutes les difficultés relatives à la retenue de ces fonds tels que développées ci-haut se posent également dans le cas d'espèce.

A l'expiration de trois mois, le magistrat qui a purgé sa peine devrait reprendre ses fonctions sans que des formalités quelconques ne soient préalablement accomplies à cet effet.

D. Révocation

La chambre de discipline rend la décision en proposant le magistrat poursuivi à la révocation. Cette décision a un caractère exécutoire, c'est-à-dire qu'elle s'exécute à dater de sa notification. Dans la pratique, la nuancée s'impose dans la mesure où cette règle souffre d'exception. La révocation ne devient obligatoire qu'à dater de la notification au magistrat concerné de l'ordonnance présidentielle qui la constate.[258]La révocation, elle, n'est assortie d'aucun délai. Un magistrat révoqué ne peut plus être réintégré dans le corps.[259]

Le Secrétaire permanent du CSM avec le concours de la Cellule de la carrière et celle des finances et du budget sont responsables de l'exécution de la décision disciplinaire.

---

[258] Articles 82 et 152 de la Constitution du 18 février 2006 telle que modifiée à ce jour.

[259] Conseil supérieur de la magistrature(RDC), *Guide pratique de procédure disciplinaire du magistrat*, op.cit. p 95

§ 3. Les effets de la décision disciplinaire.

A. Exclusion de la promotion en cours.

Il s'agit comme dit précédemment d'une peine accessoire ou complémentaire. Elle concerne l'évolution de la carrière de magistrat poursuivi dont la chambre a prononcé une sanction disciplinaire. Ainsi, ce dernier se verra priver le droit d'être élevé en grade concernant la promotion en cours.

Le Secrétaire permanent du Conseil supérieur de la magistrature avec le concours de la Cellule de la carrière ainsi que le Président de la Cour de cassation et le Procureur près cette cour, le Premier président de la Haute cour militaire et l'Auditeur général des forces armées de la RDC sont appelés à faire suivi.

B. Déchéance du droit de siéger au sein des chambres de discipline.

Elle est un effet qui résulte de la conséquence de la condamnation d'une sanction disciplinaire du magistrat. Cette mesure est exécutée par les Présidents des chambres de discipline. Autrement dit, le magistrat poursuivi perd sa qualité de siéger comme juge disciplinaire dès lors qu'il est notifié.

SECTION 2. LA SUSPENSION DE L'EXECUTION DE LA DECISION DISCIPLINAIRE.

Le cadre normatif de droit disciplinaire des magistrats congolais est muet sur la suspension de l'exécution de la décision prononcée par la chambre disciplinaire. La crainte est d'autant plus grande que ce silence est susceptible de nuire au droit à un procès juste et équitable du magistrat condamné.

D'où viendra le déclic pour qu'une décision disciplinaire entachée manifestement des irrégularités puisse être suspendue dans l'attente de son examen au degré d'appel eu égard à son caractère exécutoire ?

Deux thèses semblent plausibles pour répondre au questionnement : - l'application du droit commun de la procédure (§1) et - la possibilité de recourir à la procédure de référé-suspension. (§2).

§1. Application des règles du droit commun de la procédure ordinaire.

Pour remédier à ce vide juridique relatif à la suspension de l'exécution de la décision disciplinaire, les auteurs de guide pratique de procédure disciplinaire des magistrats pensent qu'il y a lieu, de faire application des règles procédurales du droit commun. En effet, bien que la cassation ne soit pas suspensive de l'exécution des décisions judiciaires, dans certains cas, le premier président de la Cour de cassation peut, à la requête des parties, ordonner la suspension de l'exécution desdites décisions. Il en est ainsi particulièrement lorsque, prima facies, en raison des irrégularités qui les entâchent, ces décisions devraient être reformées ou rétractées. De la même manière, en cas de mal jugé manifeste, notamment en cas de condamnation à une peine non prévue par la loi.[260]

Concrètement, pour les auteurs précités la solution pour remédier à ce vide consisterait à donner la possibilité au magistrat condamné à l'issue d'une procédure irrégulière manifeste de saisir le Président du Conseil supérieur de la magistrature afin de suspendre l'exécution de la décision, permettant par la suite au juge d'appel de connaître de la cause.

Cette position quoi que soutenable constitue un recul quant à la juridictionnalisation actuelle de la procédure disciplinaire des magistrats congolais. S'adresser à la personne du Président du Conseil supérieur de la magistrature, s'entendrait à lui donner le pouvoir de juger de l'opportunité d'une décision de surcroit, œuvre d'une juridiction administrative spécialisée, lui placerait de ce fait au sommet de la pyramide de l'organisation des chambres de discipline. L'originalité du système disciplinaire des magistrats congolais de

[260] Conseil supérieur de la magistrature(RDC), *Guide pratique de procédure disciplinaire des magistrats*, op.cit., p95.

l'ordre judiciaire et administratif trouve justification dans la consécration d'un ordre juridictionnel autonome.

§ 2. Référé-suspension.

Le référé-suspension est une procédure d'urgence. Il est utilisé pour demander au juge d'empêcher l'exécution immédiate d'une décision administrative que l'on trouve manifestement illégale. Le jugement prononcé en urgence est provisoire, en attendant que l'affaire soit tranchée par un jugement au fond. La demande de référé-suspension est adressée devant le tribunal administratif.

La préoccupation fondamentale porte dans le cas sous examen sur la nature de la décision rendue par la chambre de discipline en tant qu'un acte administratif ou plutôt un acte juridictionnel afin d'envisager la possible intervention de l'office du juge administratif dans la procédure disciplinaire des magistrats congolais.

En effet, en RDC, les procédures des référés sont organisées par les articles 278 à 320 de la loi organique n° 16/027 du 15 octobre 2016 portant organisation, compétence et fonctionnement des juridictions de l'ordre administratif.

L'urgence s'est invitée dans la scène judiciaire administrative pour remplir de plein pied sa mission principale de sauvegarder les droits et libertés fondamentaux des êtres humains face à la dérive possible de la puissance publique, au travers de l'institution des procédures des référés pouvant être perçues comme contrepoids au privilège du préalable que bénéficient les décisions administratives.[261]

Cette procédure est menée devant le juge de référé qui est le Président de la juridiction administrative ou le juge délégué par lui ayant la possibilité de rejeter la requête sans siéger. Il siège seul en chambre de conseil, sans les conclusions du ministère public. La compétence matérielle du juge de référé est déterminée par rapport au litige principal. Les décisions du juge de référé sont provisoires,

---

[261] FILA DINGANGA (P). « Coup d'œil sur la justice administrative d'urgence en République Démocratique du Congo » in *www.waramdrc.com.*

susceptibles de modification, appel et tiers opposition selon le cas. Le jugement sur le fond en fait cesser les effets.[262]

On distingue trois catégories des référés, à savoir : - *Référés généraux* (Référé-suspension, Référé-liberté et Référé-conservatoire) ; - *Référés particuliers* (Référé-constat, Référé-Instruction et Référé-provision) et - *Référés spéciaux* (Référé précontractuel des marchés publics, Référé douanier, Référé fiscal et Référé déféré)

En l'espèce, la procédure de référé-suspension fait partie des référés généraux. Pour en faire recours, il faut qu'une décision administrative porte le doute sérieux de légalité et qu'il y ait urgence.

L'Arrêt du 30 avril 2019 du Conseil d'Etat français dans l'affaire M.A. c/commune de calais (Req .n° 427309)[263] a précisé, dans le cadre d'un référé-suspension tendant à la suspension de l'exécution d'une sanction disciplinaire, que l'urgence devait s'apprécier non seulement au regard de la situation de l'agent mais également à l'aune de l'intérêt du service.

La position de cette haute juridiction tire pour fondement l'article L.521-1 du code de justice administrative lequel prévoit « *Quand une décision administrative, même de rejet, fait l'objet d'une requête en annulation ou en reformation, le juge des référés, saisi d'une demande en ce sens, peut ordonner la suspension de l'exécution de cette décision, ou de certains effets, lorsque l'urgence le justifie et qu'il est fait état d'un moyen propre à créer, en l'état de l'instruction, un doute sérieux quant à la légalité de la décision* ».

Puis au Conseil d'Etat de rappeler, que conformément à sa jurisprudence constante (CE, 19 janvier 2001, confédération nationale des radios libres, Rec. 29) que l'urgence se justifie que soit prononcée la suspension de l'exécution d'un acte administratif lorsque celui-ci porte atteinte, de manière suffisamment grave et immédiate, à un intérêt public, à la situation du requérant ou aux intérêts qu'il entend défendre. Il appartient au juge des référés d'apprécier concrètement, compte tenu des justifications fournies par le requérant, si les effets

---

262 . FILA DINGANGA (P)., « art.cit » in *www.ramdirc.com*

263 .Conseil d'Etat, n° 427309, ECLI : CECHS : 2019 : 427309.20190430. Décision n °427309.

de l'acte contesté sont de nature à caractériser une urgence justifiant que, sans attendre le jugement de la requête au fond, l'exécution de la décision soit suspendue. L'urgence doit être appréciée objectivement et compte tenu de l'ensemble des circonstances de l'affaire.

C'est dans ce contexte que la suspension de la décision contestée peut être prononcée si, outre la condition tenant à l'exercice d'un recours au fond, deux conditions sont remplies :- l'urgence, la condition de l'urgence à laquelle est subordonnée le prononcé d'une mesure de suspension doit être regardée comme remplie lorsque la décision contestée préjudicie de manière suffisamment grave et immédiate à un intérêt public, à la situation du requérant ou aux intérêts qu'il entend défendre et le doute sérieux quant à la légalité de la décision. Chacune de ces conditions est spécifiquement examinée par le juge des référés.

Ainsi et même si la suspension de la décision querellée est par nature provisoire dans l'attente du jugement de fond, force est de constater que la procédure de référé-suspension apparait, sous réserve d'une analyse particulière de chaque situation une voie procédurale à mettre en œuvre afin de préserver les intérêts des magistrats mis en cause, objet de la sanction contestée. Les arguments développés précédemment en rapport avec le recours de pourvoi en cassation de la décision disciplinaire donnent la possibilité au juge administratif d'intervenir dans le contentieux disciplinaire des magistrats congolais. La chambre de discipline étant une juridiction administrative spécialisée.

Il reste une limite à ce principe, c'est que cette action ne doit pas être abusive pour conduire le magistrat a tombé dans le dilatoire et par conséquent d'obtenir la prescription.

SECTION 3. EXECUTION DES DECISIONS DISCIPLINAIRES QUANT AUX FRAIS.

Tout jugement doit indiquer la partie à charge de laquelle il fait supporter les frais de justice ou les parties entre lesquelles il les repartit après en avoir fait masse, ou s'il les met à charge du Trésor Public. [264]

La question est pourtant non moins anodine dans le cadre de la procédure disciplinaire des magistrats congolais. En examinant les différentes décisions disciplinaires, l'on s'aperçoit que les chambres de discipline n'ont pas adopté le même langage en ce qui concerne les frais de procédure[265]. Elles ont omis soit de prononcer les frais soit mis les frais de procédure à charge de la partie plaignante soit à charge du magistrat condamné soit à charge du trésor public.[266]

L'exécution des décisions disciplinaires quant aux frais ne va pas dès lors sans poser problème de droit dans la pratique. Comment recouvrir les frais de la procédure auprès du magistrat condamné ?, le Conseil supérieur de la magistrature peut-il être confondu au trésor public ?

L''article 48 du Règlement intérieur du Conseil supérieur de la magistrature se limite à préciser que les frais de procédure en matière disciplinaire sont à charge du Conseil supérieur de la magistrature. Aux termes de l'article précité, la Chambre de discipline devrait s'abstenir de condamner aux frais de la procédure le magistrat et le trésor public.

Le magistrat MASANI MATSHI. H souligne que les frais ne peuvent pas être mis à charge du trésor public, lequel diffère du Conseil supérieur de la magistrature. Le trésor public, poursuit-il, constitue l'ensemble des moyens financiers dont dispose un Etat.

Cette expression désigne également l'administration chargée de gérer les ressources de l'Etat ; dans la plupart des pays un service rattaché au ministère des finances. Mais on ne peut réduire le trésor à sa fonction de caissier en tant qu'agent financier. En effet, acteur

---

[264] Nkongolo Thilengu,(M), *Droit judiciaire congolais. Le rôle des cours et tribunaux dans la restauration d'un droit violé ou contest*é, Ed du service de documentation et d'Etudes du Ministère de la justice et Garde des sceaux, Kinshasa, 2003 p.236.

[265] Conseil supérieur de la magistrature (RDC), *Recueil de jurisprudence en matière disciplinaire du magistrat*, op.cit., p 21.

[266] CSM/CND/RD 006 du 05/07/2011.

omniprésent du système financier, il exerce une véritable gestion de la trésorerie de l'Etat.

Ce Haut magistrat tire la conclusion que les frais d'instance disciplinaire ne peuvent pas être mis à charge du plaignant, ni à charge du magistrat poursuivi encore moins à charge du trésor public, mais à charge uniquement du Conseil supérieur de la magistrature qui est un organe autonome de gestion des magistrats et de leur budget. C'est autant dire que la réponse à cette question est à rechercher dans le fait que la constitution a reconnu au Conseil supérieur de la magistrature un budget propre.[267]

Une autre opinion estime que la question qu'il convient de se poser est celle de savoir si la chambre disciplinaire est tenue de statuer sur les frais de la procédure alors que la loi les a mis à charge du Conseil supérieur de la magistrature. Ce qui serait surabondant vu que le législateur a déjà réglé la préoccupation.

Il est donc impérieux de conclure fort de tous ces éléments que les frais d'instance disciplinaire sont à délaisser à charge du Conseil supérieur de la magistrature.

[267] Masani Matshi (H), *op.cit.*, p25.

CONCLUSION.

Si par son comportement, un magistrat arrive à violer ses obligations déontologiques et professionnelles, il engage sa responsabilité personnelle et devra être sanctionné à la hauteur de la faute. Ce qui justifie l'existence d'un régime disciplinaire propre aux magistrats de l'ordre judicaire et administratif en République Démocratique du Congo.

Cette autre forme de *« justice par les pairs »* est marquée par la juridictionnalisation de la procédure disciplinaire enclenchée à l'encontre de tout magistrat civil ou militaire présumé fautif. Elle se démarque de la discipline hiérarchique qui caractérisait jadis l'ancien régime disciplinaire des magistrats congolais.

Le contrôle disciplinaire des magistrats tant dans son aspect matériel que processuel devient donc une réalité dans l'ordre juridique interne en République démocratique du Congo

Le procès disciplinaire répond à un régime commun aux instances professionnelles, avec un rôle-clé tenu par les règles jurisprudentielles. L'on ne reconnait pas de façon particulière le statut de partie à l'instance disciplinaire à la victime d'une faute disciplinaire, elle peut seulement porter plainte. Son action reste, toutefois, seulement vindicative et ne lui octroyant pas le droit de demander des dommages-intérêts. Le principe de la liberté des preuves est commun au contentieux pénal et disciplinaire. Rien n'interdit au juge disciplinaire de se servir de preuves obtenues par le juge pénal.

Les principes régissant le procès disciplinaire offrent dès lors une garantie quant aux règles procédurales et au respect de droit de la défense.

Cependant le cadre normatif de droit disciplinaire des magistrats congolais est encore lacunaire, renvoyant pour l'essentiel au droit commun ainsi qu'aux pratiques prétoriennes.

L'on peut regretter à ce titre l'absence de consécration au niveau législatif dans un cadre unique notamment des autres modes d'organisation de voies recours ; le contour large et flou de la notion des comportements fautifs du magistrat qui peuvent entraîner des sanctions disciplinaires ou un changement de statut de ce dernier. Ce qui présente le risque des poursuites arbitraires à son encontre.

Il sied de faire remarquer aussi que l'Assemblée générale du Conseil supérieur de la magistrature tranche d'autorité à travers ses résolutions des questions non traitées par le cadre normatif de droit disciplinaire des magistrats. Ce qui fait penser à la présence d'un législateur dans le système juridictionnel disciplinaire des magistrats congolais. Or le régime disciplinaire des magistrats relève du domaine de la loi. Que partant l'intervention dudit organe devrait s'inscrire strictement dans la limite de sa compétence.

Enfin les réflexions sur le droit disciplinaire des magistrats congolais doivent se poursuivre afin d'enrichir ce nouveau droit administratif spécialisé à travers l'application de deux sources importantes du droit, à savoir : la jurisprudence et la doctrine.

BIBLIOGRAPHIE

I. Textes légaux, règlementaires et documents officiels.

A. Constitution.

- Décret-loi constitutionnel n° 003 du 27 mai 1997 relatif à l'organisation du pouvoir en RDC.
- Constitution du 18 février 2006, modifiée par la loi n ° 11/002 du 20 janvier 2011 portant révision de certains articles, numéro spécial, 5 février 2011, Kinshasa, Amendée, le 20 janvier 2011.

B. Les lois.

- Ordonnance-loi n° 79/08 du 28 septembre 1970 portant organisation du barreau et du corps des défenseurs judiciaires et du corps des mandataires de l'Etat
- Loi n°86-006 du 23 novembre 1986 portant organisation et fonctionnement du Conseil judiciaire, J.O.Z, n° 23 du 1 décembre 1986.
- Ordonnance-loi n° 88-056 du 29 septembre 1988 portant statut des magistrats
- Loi n° 002/2001 du 03 juillet 2001 portant création, organisation et fonctionnement des tribunaux de commerce, J.O.RDC, n° 14, 15 juillet 2001.
- Loi n°016-2002 du 16 octobre 2002 portant création, organisation et fonctionnement des tribunaux du travail.
- Décret-loi n°017/2002 du 03 octobre 2002 portant code de conduite de l'agent public de l'Etat.
- Loi n°023/2002 du 18 novembre 2002 portant Code Judiciaire militaire, J.O.RDC, 20 mars 2003.
- Loi organique ° 08/013 du 05 août 2008 portant organisation et fonctionnement du Conseil supérieur de la magistrature, J.O.RDC, Kinshasa, 11août 2008.
- Loi n°09/001 du 10 janvier 2009 portant protection de l'enfant. J.O.RDC, n° spécial, 25 mai 2009.
- Loi organique n°13/011-B du 11 avril 2013 portant organisation, fonctionnement et compétences des juridictions de l'ordre judiciaire.

- Loi organique du 15 octobre 2013 portant organisation et fonctionnement de la Cour Constitutionnelle.
- Loi organique n° 15/ 014 du 1 août 2015 modifiant et complétant la loi organique n° 06/020 du 10 octobre 2006 portant statut des magistrats, J.O.RDC, n° spécial, du 05 août 2015.
- Loi organique n° 16/027 du 15 octobre 2016 portant organisation, compétences et fonctionnement des juridictions de l'ordre administratif, J.O.RDC, 18 octobre 2016.
- Loi organique n° 18/024 du 13 novembre 2018 portant composition, organisation et fonctionnement de la Cour de Compte., J.O.RDC, n° spécial, 24 novembre 2006.

C. Les textes réglementaires, résolutions et autres documents officiels.

- Ordonnance de l'Administrateur général du Congo portant principes à suivre dans les décisions judiciaires (B.O., 1886, du 14 mai 1886.)
- Arrêté d'organisation judiciaire n° 299/79 du 20 août 1979 portant Règlement intérieur des cours, tribunaux et parquets (Ministère de la justice)
- Ordonnance n°87-215 du 23 juin 1987 portant création de l'inspectorat Général des Services du Conseil judiciaire, J.O.Z, n° 13, 1 juillet 1987.
- Règlement intérieur du Conseil supérieur de la magistrature du 13 juin 2009, J.O.RDC, n° spécial du 15 juin 2009.
- Résolution n° 001/2010 du 23 décembre 2010 portant adoption et mise en application du cadre et structure organique du CSM.
- Résolution n° 001/2011 du 26 mai 2011 portant adoption et mise en application du Code d'éthique et de déontologie des magistrats, J.O.RDC, n° spécial, 21 décembre 2012)
- Circulaire n° 001/2012 du 13 février 2012 portant relèvement de la discipline des magistrats.
- Circulaire d'organisation judiciaire n° 2015 relative à l'interdiction à titre conservatoire d'un magistrat.
- Ordonnance n° 16/070 du 22 août 2016 portant dispositions relatives au statut particulier des membres de la Cour Constitutionnelle.

- Ordonnance n° 20/017 du 27 mars 2020 fixent les attributions des ministères.

II. Les notes d'arrêts, observations, décisions et avis.

- Affaire PERNA C/Italie, 25 juillet 2001, n° 48898/99.
- Arrêt Vilho Eskelinen et autres C/ Finlande.
- Commission européenne pour la démocratie par le droit, Avis sur la responsabilité disciplinaire des juges ordinaires de Géorgie et les procédures disciplinaires à leur égard adopté par la Commission de Venise lors de la 70e session plénière (Venise, 16-17 mars 2017), Avis n° 408/2006 , Strasbourg, 19 mars 2007.
- Conseil d'Etat, Assemblée, 12 juillet 1969, L'Etang, requête numéro 72480, publiée au recueil, in revue générale de droit.
- Décision, CSM-CPD Bas-Congo RD 003/09, 27/03/2010
- Décision CSM/BDD/RD 001 du 08 novembre 2010.
- Décision RD/CSM/ KGO/0009, 18 décembre 2010.
- Décision CSM/KGO/RD 0012 du 5 mars 2011
- Décision CSM/K.OCC/RD 001 du 07 mai 2011.
- Décision CSM/CND/RD 006 du 05 juillet 2011.
- Décision CSM/BDD/RD 08 du 09 juillet 2011
- Décision RD 007/ CDN du 29 août 2011.
- Décision CSM/SK/ RD 003 du 23 mars 2012
- Décision CSM/ KGO/ 0021 du 07 avril 2012
- Décision CSM/EQ/RD 001 du 11 décembre 2012.
- Décision CSM/P.OR/RD 015 du 14 février 2013
- R. Const.212/216/2016 devant la Cour Constitutionnelle congolaise siégeant ne matière de contrôle de constitutionnalité.
- Décision CSM/ N-K/ RD 067 du 06 juin 2020.
- Directives et Principes sur le droit à un procès équitable et à l'assistance judiciaire en Afrique.

III. Les ouvrages

- Anel (P) et Morêt-Bailly, (J). , *Vers un droit commun disciplinaire*, Ed PUS, col. Droit, Paris, 2007.
- Banide Wafole (L). , *Le serment du magistrat en droit congolais*, Ed Cerdi, Kinshasa, 2014.

- Botakile Batanga, *Précis du contentieux administratif congolais*, Tome 2, 1ère éd, Academia-L' Harmattan.S.a, Louvain-la neuve, 2017
- Caille (P), *Contentieux administratif*, 3ième édition, juridiques franco-allemande, 2018.
- Braconnay (N), *La justice et les institutions juridictionnelles*, 3 Edition, La documentation Française, Paris, 2019
- Conseil supérieur de la magistrature (RDC), *Guide pratique de procédure disciplinaire des magistrats*, USAID, Kinshasa, 2011.
- Conseil supérieur de la magistrature(RDC), *Recueil de jurisprudences en matière disciplinaire du magistrat*, USAID, Kinshasa, 2013.
- Conseil Supérieur de la Magistrature(France)., *Recueil des obligations déontologiques des magistrats*, éd, Direction d'information légale et administrative, Paris, 2019.
- Commission européenne pour l'efficacité de la justice (CEPEJ)., *systèmes judiciaires européens. Efficacité et qualité de la justice*. Les études de la CEPEJ N° 20 /2015, Editeur Conseil de l'Europe, Strasbourg, 2015.
- Delisle (Z) et Lane (I), *Introduction au droit disciplinaire*, Ed Yvon Blais, Montréal, 2019.
- Duguit (L)., *Traité de droit constitutionnel*, vol. 3. La théorie générale de l'Etat – Les agents publics, le patrimoine de l'Etat, le droit et l'Etat, 3e éd., Paris 1927/1930.
- Fédération internationale des ligues des droits de l'homme (Fidh)., *Les Conseils supérieurs de la magistrature : Quelles réformes pour un pouvoir judiciaire indépendant ? Les exemples de l'Egypte, la Jordanie, le Liban, le Maroc et la Palestine*, Ed FIDH, Paris, 2009.
- Goulet (M). , *Le droit des corporations professionnelles*, Editions Yvon Blais, Montréal ,1993.
- Hurard. (J-J) et Canivet. (G)., *La déontologie du magistrat*, 4ed Dalloz, Paris, 2019
- Kabange Ntabala, (C). , *Droit administratif*, Tome I, Imprimeries Vina, Kinshasa, 1997
- Katambwe Malipo, (G), *La dualité des juridictions sous la constitution du 18 février 2006*, Ed PUL, Lubumbashi, 2018.

- Leroy, (J) *La force du principe de motivation, in La motivation*, Travaux de l'Association Henri Capitant, 1998, LGDJ, p 35, spec.
- LUZOLO BAMBI LESSA, (E)., *Traité de droit judiciaire. La justice congolaise et ses institutions*, Ed PUC, Kinshasa, 2018
- Matadi Nenga (G)., *Droit judiciaire privé*, Kinshasa, Ed Droit et idées nouvelles, Kinshasa, 2006
- Masani Matshi, (H)., *Contentieux disciplinaire des magistrats*, Ed Massain, Tome 2, Kinshasa, 2013.
- Merton (K), Eléments de théorie et de méthode sociologique, Paris, Ed Armand colin, 1997.
- Moret-Bailly(J)., *l'accès à la justice disciplinaire*, CNRS. Université Jean Monnet de Saint Etienne, 2002.
- Nkongolo Thilengu (M), *Droit judiciaire congolais. Le rôle des cours et tribunaux dans la restauration d'un droit violé ou contesté*, Ed du service de documentation et d'Etudes du Ministère de la justice et Garde des sceaux, Kinshasa, 2003.
- Muganza Muyumba., *L'exception d'inconstitutionnalité des lois en droit positif congolais*, Ed Malaika, Kinshasa, 2016.
- Nyaluma Mulagano (A), *Les modes alternatifs de règlement des conflits. Une clé d'accès à la justice administrative congolaise ?* Ed bruyant, Bruxelles, 2016.
- Roagna (I)., *La protection du droit au respect de la vie privée et familiale par la Convention européenne des droits de l'homme,* Conseil de l'Europe, Strasbourg, 2012.
- Salas (D), et Epineuse (H)., *L'éthique du juge : une approche européenne et internationale*, Ed Dalloz, 2003.
- Syndicat de la magistrature, *Guide des droits des magistrats*, Ed François Maspero, 2008.

IV. **Les articles de revues.**

- Barraud (B)., « Les nouveaux défis de la recherche sur les sources du droit » in *Revue de la recherche juridique-droit prospectif*, Aix-Marseille, 2016-4, n° 164.
- Bouquet (A)., « Droit disciplinaire et loi pénitentiaire : le rendez-vous manqué » Ed. Pedone /Archives de Politique criminelle. Paris, 2012/1 (n°34).

- Charvet (D), « La déontologie des magistrats, un nouveau pacte pour la déontologie » in l'esprit 2009/11, Paris, novembre 2009.
- De Riemaercker, (X) et Londers (G), « Déontologie et discipline » in *statut et déontologie du magistrat*, Bruxelles, La charte, 2000.
- Decoopman (N)., « Droit et déontologie. Contribution à l'étude des modes de régulation » in *www. u-picardie.fr*
- Deguergue (M)., « La jurisprudence et les sources du droit. » in *Droits* 2001/2 n° 34
- Devriendt (E), et Monte (M)., « L'expose des motifs : un discours d'autorité. Le cas des lois françaises de 2003, 2010 et 2014 sur les retraites » *in mots. Les langages du politique*, n° 107/2015, 2015.
- Dione (A) et Sadou (W)., « Réflexion sur les critères du délai raisonnable en matière de justice pénale au Sénégal. »*in village de la justice,* 2020
- Duprez (P)., « Le droit disciplinaire dans le contexte du droit général » in *www.ombbw.be, bulletin* 2005.
- FILA DINGANGA (P). « Coup d'œil sur la justice administrative d'urgence en République Démocratique du Congo » *in www.waramdrc*.com
- Giuliana Civinini (M)., « Le modèle italien d'administration de la justice », *in Revue Française d'administration publique*, 2008 /1 n° 125.
- Goré (M)., « La responsabilité civile, pénale et disciplinaire des magistrats » *In Electronique Journal of comparative Law*, vol.11.3(December2007), http://www.ejcl.org.
- Huppé(L)., « Les fondements de la déontologie judiciaire » *in Les cahiers de droit*, volume 45(1), 2004
- Joly-Hurard (J)., « La responsabilité civile, pénale et disciplinaire des magistrats. » in R.I.D.C, 58-2, Paris, 2006.
- Kerléo (J-F)., « Archéologie des rapports entre le droit et la déontologie en France » *in revue d'études benthamiennes*, n° 13/2014.
- Le Potentiel(Kinshasa), 10 octobre 2001, « Cour suprême de justice : les 315 magistrats révoqués font une victime. Affaires délicates de justice. Date de consultation : 25 février 2002
- Mehdi Kebir, « Procédure accélérée au fond devant les juridictions judiciaires » *in www. Revue Dalloz. actualité.fr*.

- Mouly (J)., « La confirmation de la conception extensive du non-cumul des sanctions disciplinaires. », *in droit social,* Paris n°11(Nov. 2013)
- Mutonwa Kalombe (J- M P). , « De l'organisation, du fonctionnement et des compétences du Conseil supérieur de la magistrature en République Démocratique du Congo. » *in www.hamann-légal.cd.*
- Olivier Renard-Payen (MM), et Robineau (Y). , « La responsabilité de l'Etat pour faute du fonctionnement défectueux du service public de la justice judicaire et administrative » *in Cour de cassation*.fr.
- Pauliat, (H), « Le traitement des plaintes des justiciables : un ombudsman serait-il nécessaire ? », in *Revue internationale d'éthique sociétale et gouvernance*, vol .9, N° 2/2007.
- Pralus-Dupuy (J), « France, les principes du procès pénal et leur mise en œuvre dans les procédures disciplinaires.» *in Revue internationale de droit pénal* 2003/3-4(vol.74)
- Pochard (M). , « Définition et genèse du Statut de la fonction publique » in *Les 100 mots de la fonction publique* (2011), col. Que sais-je ? , Ed PUF, 2011
- Proto Pisani (A). , « Brevi note sui conati di riforma dell'ordinamento giudiziario », *in Foro italiano,* 2002.
- Pujalte (C) et Lamaze (E), « La procédure disciplinaire » in L'avocat, le juge et la déontologie, col. Que sais-je, PUF, 2009
- Rigaux (F). , « Opinions dissidentes, opinions séparées et opinions convergentes : l'unanimité dans l'exercice de la fonction judiciaire. » *in www. sfdi.org.*
- Rolland (M). « L'organisation de la justice au Congo-belge » in Revue internationale de droit Comparé, Paris, Ed LGDJ, 1953/5-1
- Rondeau (C)., « Le droit disciplinaire » *in Bull. Acad. Vêt. De France,* 1996.
- Sève (R)., « Brève réflexion sur le Droit et ses métaphores » *in Arch.phil.droit*, 1982
- Yatala Nsomwe Ntambwe (C)., « L'inconstitutionnalité substantielle de la révision des dispositions constitutionnelles relatives au Pouvoir judiciaire et aux Institutions provinciales. » *in w.w.w.droitcongolais.info.*

- Yatala Nsomwe Ntambwe (C), « L'indépendance du pouvoir judiciaire à l'égard du pouvoir exécutif au Congo-Kinshasa.» *in www. droit congolais*. Info.fr

V. **Les thèses, mémoires et notes de cours**.

- Azambudja de Magalhas Pinto (R)., *Les actes d'administration judiciaire en droit français et en droit brésilien. Etude de procédure civile comparée*, Thèse, Université Paris 1-Panthéon, 2007.
- Gerbille (O). , *Le régime disciplinaire des magistrats de l'ordre judiciaire*, Thèse, Université de Nice, 2000.
- Guicheteau (G). , *De la discipline dans la magistrature*, Thèse, Université de Rennes, 1875.
- Martinangeli (M). , *Discipline et déontologie dans le droit de la fonction publique,* Mémoire, Université Panthéon-Assas (Paris II), 2018.
- Personeni (E). , *La déontologie des magistrats de l'ordre judiciaire*, Mémoire, Université Lumière Lyon 2, Institut d'Etudes Politiques de Lyon, juin 2007.
- Yatala Nsomwe Ntambwe (C)., *L'institution de tribunaux administratifs dans la société ecclésiale*, Thèse, Université de Fribourg, 2009.

TABLE DES MATIERES

Structures éditoriales du groupe L'Harmattan

L'Harmattan Italie
Via degli Artisti, 15
10124 Torino
harmattan.italia@gmail.com

L'Harmattan Hongrie
Kossuth l. u. 14-16.
1053 Budapest
harmattan@harmattan.hu

L'Harmattan Sénégal
10 VDN en face Mermoz
BP 45034 Dakar-Fann
senharmattan@gmail.com

L'Harmattan Cameroun
TSINGA/FECAFOOT
BP 11486 Yaoundé
inkoukam@gmail.com

L'Harmattan Burkina Faso
Achille Somé – tengnule@hotmail.fr

L'Harmattan Guinée
Almamya, rue KA 028 OKB Agency
BP 3470 Conakry
harmattanguinee@yahoo.fr

L'Harmattan RDC
185, avenue Nyangwe
Commune de Lingwala – Kinshasa
matangilamusadila@yahoo.fr

L'Harmattan Congo
67, boulevard Denis-Sassou-N'Guesso
BP 2874 Brazzaville
harmattan.congo@yahoo.fr

L'Harmattan Mali
ACI 2000 - Immeuble Mgr Jean Marie Cisse
Bureau 10
BP 145 Bamako-Mali
mali@harmattan.fr

L'Harmattan Togo
Djidjole – Lomé
Maison Amela
face EPP BATOME
ddamela@aol.com

L'Harmattan Côte d'Ivoire
Résidence Karl – Cité des Arts
Abidjan-Cocody
03 BP 1588 Abidjan
espace_harmattan.ci@hotmail.fr

Nos librairies en France

Librairie internationale
16, rue des Écoles
75005 Paris
librairie.internationale@harmattan.fr
01 40 46 79 11
www.librairieharmattan.com

Librairie des savoirs
21, rue des Écoles
75005 Paris
librairie.sh@harmattan.fr
01 46 34 13 71
www.librairieharmattansh.com

Librairie Le Lucernaire
53, rue Notre-Dame-des-Champs
75006 Paris
librairie@lucernaire.fr
01 42 22 67 13

www.ingramcontent.com/pod-product-compliance
Lightning Source LLC
LaVergne TN
LVHW011007061026
849535LV00006B/1763
* 9 7 8 2 3 4 3 2 4 8 3 9 4 *